미친 성장

미친 성장

토스 제1호 조직문화 담당자가 전하는
생존을 넘어 성공하는 조직의 비밀

김형진 지음

푸른숲

먼저 읽은 이들의 찬사

스타트업의 성장에는 정답이 없습니다. 그 답이 없는 길을 직접 걸어내고 만들어 온 사람의 경험은 무엇보다 값집니다. 특히 조직문화에 대한 경험은 희소성이 더욱 큽니다. 토스는 한국에서 '핀테크'라는 새로운 산업을 개척하는 동시에, '어떻게 일할 것인가'라는 본질적인 질문에 과감히 도전했습니다. 저자는 그 과정의 한가운데에 몸소 뛰어들어 얻은 경험을 바탕으로 이 시대의 리더들에게 실행 가능한 성장의 방법들을 제시합니다. 여전히 정답은 없습니다. 이제 이 책을 바탕으로 여러분만의 조직문화를 정의하고 만들어가기를 바랍니다.

이태양 베이스벤처스 공동대표, 토스 공동창업자

토스증권에서 저의 메이트이자 HRBP였던 김형진은 '문화'를 감동이 아닌 '성과의 언어'로 설계해 온 사람입니다. 그리고 이 책에는 크고 작은 다양한 기업의 리더들이 즉시 써먹을 수 있는 채용, 온보딩, 피드백, 성과 관리의 매뉴얼이 촘촘히 담겼습니다. 실제 업무 현장에서 검증된 체크리스트와 실패를 줄이는 질문, 실행을 위한 루틴 들도 마찬가지입니다. 당신이 리더라면, 혹은 리더가 되고 싶다면, 무엇보다 먼저 이 책을 읽기를 강력히 추천합니다.

김승연 넥스트증권 대표, 전 토스증권 대표

벤처 캐피털리스트로서 다수의 초기 기업을 지켜보며 느낀 것이 있습니다. '어떤 아이템으로 사업하는가' 보다 '어떤 창업자가 어떻게 사업을 해나가는가'가 성과에 더 큰 영향을 미친다는 것입니다. 저자는 한국에서 유례없는 폭발적 성장을 이룬 조직 '토스'의 경험을 바탕으로, 이것을 조직문화의 관점에서 생생하게 설명합니다. 기업의 대표나 창업자가 아니더라도, 조직에서 함께 성과를 내야 하는 모든 리더와 구성원이 이 책을 통해 '미친 성장'을 꿈꿀 수 있기를 바랍니다.

신윤호 베이스벤처스 공동대표

토스의 문화를 7년간 직접 만들고 이끌어온 사람의 글인 만큼 리얼하고 실질적입니다. 토스 조직문화의 여정을 이렇게 담아낸 시도에 깊은 존경을 보냅니다. 단순히 원칙이나 이론을 이야기하기보다 현장에서 부딪치며 얻은 고민과 답이 살아 숨 쉬는 책이기에, 조직과 문화를 고민하는 이들에게 현실적이면서도 신뢰할 수 있는 통찰을 전해줄 것입니다. 공감을 넘어 자신의 조직을 다시 성찰할 용기를 얻게 되리라 확신합니다.

김동현 티오더 HR 총괄, 전 야놀자 HR 리드

토스라는 빠른 성장의 최전선에서 조직문화 및 인사를 담당하며 얻은 생생한 경험과 통찰을 한 권의 책으로 만나볼 수 있어 기쁩니다. 저자는 치열한 현장에서 '사람'과 '문화'를 중심에 둬야 한다는 본질을 깊이 체득했고, 이를 구체적인 사례와 실질적인 조언으로 풀어냈습니다. 급변하는 시대 속에서 조직문화와 리더십을 고민하는 모든 리더

와 HR담당자에게 따뜻하면서도 현실적인 길잡이가 돼줄 책이기에 일독을 권합니다.

황성현 가천대학교 교수, 전 카카오 HR 총괄 부사장·구글 HRBP

프롤로그
미친 듯이 성장하는 조직은 무엇이 다른가

2018년 8월, 토스가 한화로 약 1조 원이 넘는 가치의 유니콘 기업이 되기 네 달 전에 나는 그곳에 입사했다. 당시 토스는 지금처럼 유명하지 않았다. 포털사이트에 '토스'를 검색하면 토익 스피킹 인터넷 강의 광고가 상단에 나올 때였다. 그런 토스에서 약 7년을 일했고, 그간 많은 변화를 겪었다.

2024년, 토스는 창사 이래 첫 연간 흑자를 달성했고 월간활성사용자수^{MAU}가 2,480만 명에 달하는 슈퍼앱이 됐다. 토스증권은 연간 1,000억 원 규모의 흑자를 내는 증권사가 됐고, 2025년 현재는 해외주식 부문에서 압도적인 성장세를 보이며 1등 사업자에 다가서고 있다. 토스뱅크는 2년 연속으로 '대학생이 뽑은 가장 일하고 싶은 기업' 10위 안에 오르기도 했다. 어떻게 이런 성과를 달성할 수 있었을까? 이런 결실을 맺을 수 있었던 배경과 과정은 어땠을까?

토스에 합류하기 전 작은 스타트업에서 일하면서, 나는 경영진의 커뮤니케이션과 의사결정의 방식, 투명성 등이 회사 성과에 중요한 영향을 미친다는 사실을 깨달았다. 그러다 우연히 토스 이승건 대표의 영상을 봤다. 2018년 대한상공회의소에서 진행한 40분짜리 강연에서 그는 조직문화를 주제로 지속성장, 동기부여, 주인의식에 대해 이야기했다. 그동안 내가 무엇에 갈증을 느껴왔는지 비로소 알 수 있었다. 바로 직장의 조직문화였다.

토스의 이승건 대표는 우리나라에서 조직문화를 가장 많이, 깊이 공부한 사람이며 동시에 이를 진심으로 추구하는 사람일 것이다. 그는 매일매일 더 나은 답을 찾기 위해서 노력을 게을리하지 않는다. 다양한 매체를 통해 알려진 문화에 대한 고민과 목표가 순도 100퍼센트의 진심이라는 것을 근거리에서 그를 지켜보고 협업하면서 매일 느꼈다.

리더로서 이렇게 문화를 중시하는 데는 다 이유가 있다. 문화는 조직에 성과를 가져다주는 '전략'이기 때문이다. 미국주식 시가총액 10위권 안에 드는 기업들은 대부분 회사의 홈페이지에서 자신들의 문화를 소개한다. 이에 더해 테슬라는 신규입사자에게 네 페이지 분량의 문서를 제공한다. 조직의 미션, 테슬라가 지향하는 성공의 정의, 기업이 선택한 문화의 특징 등이 설명된 이 문서는 온보딩 가이드북이자 일종의 조직문화 선언문과 다름없다.

활용할 자원이 많지 않은 스타트업에서는 조직문화가 특히나 더욱 중요하다. 당장 활용할 수 있을뿐더러 비용이 저렴하기까지 한 자원이기 때문이다. 그러나 이는 스타트업은 물론이고, 크고 작은 조직을 이끄는 많은 리더의 우선순위에서 밀려나 있다. 당장 하루하루 생존하기도 바쁘기 때문이다. 또한 구축하는 데 시간도 많이 걸린다. 예상치 못한 사건이 생길 때마다 포기하고 싶은 욕구가 커지기 마련이다. 그러나 그럴수록 강한 의지를 갖고 포기하지 않는다면 어느새 조직문화는 조직과 리더를 지탱하는 경쟁력이 될 것이다.

만약 당신이 경영자가 아니라 회사 안에서 팀을 이끄는 팀장이라고 해도 조직문화가 자신에게 먼 일이라고 생각해서는 안 된다. 회사의 조직문화가 채워주지 못하는 우리 팀만의 고유한 문화를 만들 수 있는 권한이 당신에게 있기 때문이다. 조직문화에 대한 깊은 이해와 방향성을 더한다면 당신의 리더십은 한층 더 강화될 수 있다. 이런 중간 리더들을 위한 팁도 함께 제시하고자 노력을 했다. 커리어 내내 중간 리더들을 매일 만나고 조언할 기회가 있었고, 그때마다 조직문화에 대한 이야기는 단골 주제였다. 그 기억을 최대로 살려서 독자 여러분에게 도움을 주고자 한다.

조직문화를 구축하는 세 가지 방법

조직문화 담당자와 HR 비즈니스 파트너^{HRBP, Human Resource Business Partner}의 커리어를 거치며 매일 즐겁게 일했다. 조직의 구성원으로서 일하는 실무자들의 목소리를 듣기 위해 많은 팀원을 인터뷰했고, 리더들과 문화의 개선점과 발전 방향에 대해 토론했으며, 교육 형태의 세션이나 이벤트를 진행했다. 개인적으로 조직문화 책들을 탐독하며 주말마다 사례조사를 하기도 했다. 내 나름대로 가설들을 세워 실제 현장에 적용해 보면서 통하는 방법과 통하지 않는 방법의 차이점과 중요한 조건들도 알게 됐다. 보통 리더는 조직에 구성원이 많으면 실무와 멀어져 개개인의 어려움을 헤아리기 어려워지기 마련이고, 구성원이 적으면 실무를 함께 처리하느라 조직문화를 돌보기 어렵다. 하여 이 책에서는 크고 작은 조직에서 일하는 다양한 리더가 자신의 업무 환경에 실질적으로 적용할 수 있는 전략들을 전수하려고 한다.

토스에서는 다른 사람의 결정에 비판적인 자세를 취하며 솔직하게 이야기하는 경우가 많은데, 이를 남의 결정권에 '오버라이드 Override' 한다고도 표현한다. 익숙하지 않은 단어이기에 언젠가 뜻을 찾아본 적이 있는데 놀랍게도 '오버라이드'는 내가 그동안 수많은 조직문화 사례를 연구하고 적용하며 체득한 성공하는 조직문화의 특징을 잘 설명하고 있었다. 케임브리지 영어사전에 따르면 이 단어에는 크게 세 가지의 뜻이 있다.

1. to be more important than something(다른 무엇보다 더 중요하다).
2. to decide against or refuse to accept a previous decision(이전의 결정에 반하는 결정을 하다).
3. to take control over something, especially in order to change the way it operates(기존의 운영방식을 바꾸기 위해 직접

컨트롤하다).

이것들은 폭발적으로 성장하고 고성과를 유지하는 조직들이 문화를 구축하는 방법과도 일맥상통한다. 내가 관찰하고 분석했던 훌륭한 조직들은 다음의 지점들을 꼭 지킨다.

1. More important: 조직문화는 무엇보다 중요하다

훌륭한 기업들은 다른 어떤 기업보다 조직문화를 중요하게 앞세운다. 인재를 뽑을 때는 역량이 아무리 출중해도 의사결정과 실행, 협업, 소통 등 회사와 팀의 문화에 잘 맞지 않는다면 채용하지 않기로 과감하게 결정한다. 시장에서 유명하고 누가 봐도 압도적인 경력을 가졌다고 해도 맞춰갈 수 없다고 판단되면 더 좋은 결정을 위해 토론을 열고 우려가 있다면 탈락시킨다. 이 때문에 인사팀과 현업자 사이에 자주 설왕설래가 벌어지기도 한다. 그러나 이런 깐깐함으로 조직문화를 지킨다.

2. Not accept: 기존의 관행을 깨라

이전의 낡은 방식을 거부하는 데 익숙하다. 예를 들면 토스는 애초에 금융사가 아닌 IT기업으로 시작해 금융업을 바라보는 만큼 새로운 시각을 갖고 있다. 이런 태도는 내부에서 토론을 진행할 때도 마찬가지다. 과거 토스는 '부딪칠 용기 Dare to make conflict'를 자신들이 핵심적으로 추구하는 가치 중 하나로 꼽은 적이 있었다. 그만큼 구성원들은 남에게 다른 아이디어를 제시하는 데 거리낌이 없다.

많은 기업이 모든 구성원을 한자리에 모아 진행하는 타운홀 미팅을 비롯해 다양한 내부 소통 프로그램을 진행한다. MZ세대가 의견 존중과 자율성을 중요하게 여긴다는 점 때문일 것이다. 이런 노력이 점점 많아진다는 점에서 굉장히 고무적이지만, 더욱 효과를 보기 위해서는 문화 차원에서 근본적인 변화가 필요하다. 이전의 낡은 문화를 버리고 새로운 문화를 채택해야 한다.

3. Take Control: 리더가 직접 챙겨라

마지막으로 리더들이 직접 조직문화를 챙긴다. 문화는 조직문화 담당자나 인사팀에게만 책임이 있지 않다. 문화는 리더가 디자인하고 구성원이 직접 만들어내야 하는 결과물이다. 이 과정에서 인사 담당자들은 조언자 및 서포터로서 윤활유 역할을 할 뿐이다. 리더로서 정말로 승리하는 팀을 이끌어보고 싶은가? 그렇다면 하나의 전략으로서 조직문화를, 구성원 개개인을 직접 챙겨라.

이 세 관점을 바탕으로 책의 목차를 구성했다. 우선 1부 '조직문화는 무엇보다 중요하다'에서는 핵심가치, 신뢰자원, 동기부여에 대해서 다뤘다. 이것들은 조직문화의 핵심이라고 할 수 있다. 훌륭한 조직은 구성원들이 핵심가치라는 공통의 '성과 방정식'에 맞게 일해야 한다고 강조하며, 평상시에 신뢰를 꾸준히 쌓아 위기를 마주했을 때 그것을 자원으로 활용하고, 인재를 들이고 관리할 때는 그들을 단순한 자원으로 보기보다 저마다 고유한 동기를 가진 개인으로 대하며 그들을 위한 환경을 펼치기 때문이다.

2부 '기존의 관행을 깨라'에서는 대부분의 업계에서 마냥 칭송하거나 그저 따라하려고 했던 관행을 근본적으로 달리 생각해 봤다. 이를테면 명확함, 고유함, 온·오프보딩에 대한 관행 말이다. 훌륭한 조직은 무조건적인 자율보다 명확한 원칙과 기준을 중요시한다. 그들은 아무런 환경도 마련하지 않고 자율을 주는 것은 방만에 불과하다는 사실을 잘 안다. 그리고 자신들의 조직문화가 가진 고유성에 대해서 높은 이해도를 갖췄다. 타사의 사례는 참고용일 뿐, 조직에 맞는 답은 내부에 있다고 믿는다. 또한 통념과 달리 온보딩에서는 감성이 아니라 업무를 잘하는 것에 초점을 맞추고, 반대로 오프보딩에서는 감성적인 이미지를 남겨 영원한 이별은 아님에 초점을 맞춘다.

3부 '리더가 직접 챙겨라'에서는 조직문화란 리더가 자신의 고유한 권한을 갖고 직접 챙겨야 하는 것임을 이야기했다. 조직문화가 인사팀의 전유물인 기업은 절대 폭발적인 성장을 이루거나 이를 유지하기 어렵기 때문이다. 이를 위해 조직문화를 좌우할 정도로 중요하지만, 대부분의 리더가 다루기 어려워 하는 리더십, 업무몰입도, 인재밀도에 대해 이야기했다. 우선 리더십은 '사람을 챙기는 것이 리더의 실무'라는 관점으로 변화해야 한다. 핵심인재가 퇴사하는 대부분의 원인이 리더에게 있다는 점을 인지할 필요가 있다. 그리고 우리 팀이 개선하거나 유지해야 할 점이 무엇인지 알 수 있도록 업무몰입도를 정기적으로 측정해야 한다. 이는 리더뿐만 아니라 팀의 구성원 모두가 합심해 챙겨야 한다. 마지막으로 조직에 저성과자가 있다면, 그를 개선시키기 위해 최대한 노력해 보고, 안 될 때는 과감하게 이별할 수 있어야 한다. 이때 그가 조직의 에너지와 분위기를 갉아먹는 썩은 사과라면 망설이지 않고 이별한다.

조직문화의 이론을 기대한 독자들도 있을 수 있겠다. 예를 들면 '조직문화는 집단의 기본 가정이다' 같은 식의 이론 말이다. 실망할 수도 있겠지만 이 책에서 이런 이론은 다루지 않는다. 이 책은 철저히 실효성의 관점에서 조직을 성공으로 이끄는 리더가 되는 방법', 즉 문화를 만들고 운영하는 리더십의 방법들을 안내하고 있다. 바로 써먹을 수 있도록 중간중간 프레임워크도 첨부했다. 작은 규모의 팀을 이끄는 팀장, 큰 조직을 이끄는 대표, 사업을 운영 중인 창업가 모두가 쉽게 읽고 적용할 수 있을 것이다.

그럼에도 만약 책을 읽다가 해결하기 어려운 고민을 마주한다면 편하게 메일을 보내주시기 바란다. 현장의 고민과 그에 대한 답은 결국 여러분이 쥐고 있지만, 이때 나눌 수 있는 동료가 있다면 그 답에 더욱 빨리 도달할 것이라고 믿는다.

나는 토스와 토스증권에 있는 동안 좋은 일을 너무나 많이 겪었다. 특히 최근까지 몸담았던 토스증권에서는 말 그대로 '미친 성장'을 이뤘다. 해외주식거래 1등 사업자로 올라가기도 했고, 토스 계열사 최초로 연간 흑자를 달성하기도 했다. 다양한 중간 리더와 C레벨들과 협업하며 매일매일이 급진적인 성장이었다. 그 과정에서 매일 함께하고 싶은 토스증권 피플앤컬처팀 동료들도 만날 수 있었다. 이들 모두에게 감사인사를 전한다.

차례

먼저 읽은 이들의 찬사 4

프롤로그 미친 듯이 성장하는 조직은 무엇이 다른가 9

More Important
조직문화는 무엇보다 중요하다
미친 성장의 기반

---

1 **핵심가치**
모든 결정의 기준이자 성과 창출의 방정식

우리가 승리하는 방식은 이것이다 27 | 핵심가치가 갖춰야 할 디테일 32 | 일상에서 핵심가치가 흐르게 하라 38 | 플라이휠 구축 QnA 44 | 아직 명문화된 성과 방정식이 없다면 47 | 누가 조직에 선한 영향력을 떨칠 것인가 49 | 리더가 마주할 네 가지 난관 54

2 신뢰자원
조직의 속도와 결속력을 높이는 전략적 자원

신뢰와 의심, 우리 조직의 자원은 무엇인가 63 | 조직에서의 신뢰는 도덕이 아니다 66 | 투명성: 우리는 숨기는 게 없다 69 | 일관성: 꾸준히 같은 태도를 보여준다 74 | 공감대: 중요한 결정은 충분히 설명한다 77 | 의미감: 제출한 의견이 실제로 고려된다 81 | 배반당했을 때 어떻게 할 것인가 84

3 동기부여
알아서 잘하는 핵심인재들의 원동력

조직이 관리해야 하는가 개인이 관리해야 하는가 93 | 동기 관리가 인재 관리다 97 | 스스로 동기부여하는 미친 인재의 특징 104 | 구성원의 역량을 개별적으로 관리하는 방법 109 | 무너진 동기를 재건하는 방법 117

Not Accept
기존의 관행을 깨라
미친 성장을 위한 맞춤형 설계

---

4 명확함
원칙 없는 자율을 기대하지 마라

명확함은 독선인가 129 | 자율성에 날개를 달아주는 명확한 규

칙 134 | 생산성을 높이는 약속, 팀의 그라운드룰 138 | 역할이 분명할 때 우선순위가 보인다 144 | 무엇을 배웠고 무엇을 개선할 것인가 149 | 감정 소모가 없는 명확한 피드백의 구조 153

5 고유함
유행하는 문화에 편승하지 마라

조직문화에도 유행이 있다 163 | 어디까지 위임할 것인가 170 | 실패를 어디까지 용인할 것인가 174 | 목표를 어떻게 세울 것인가 180 | 동료 피드백을 장려할 것인가 187

6 온·오프보딩
환영은 담백하게, 이별은 따뜻하게

온보딩의 진짜 목적을 기억하라 197 | 신규입사자는 버디에게 맡겨라 201 | 이별 과정은 조직문화의 상징적 장면이다 206 | 퇴사 면담, 인재 잔류를 위한 골든타임 209 | 빈자리를 인정하고 새로운 길을 모색하라 214

Take Control
리더가 직접 챙겨라
미친 성장세를 유지하기 위한 점검 사항

7 리더십
리더의 실무는 사람이다

사람이 조직을 떠나는 진짜 이유 **225** | 리더십의 첫 단추: 사람 중심의 소통 전략 **228** | 리더십 체크리스트: 다섯 가지 기본 역할 **234** | 리더십과 소통: 효과적인 원온원 방법 **238** | 리더십 강화: 메타인지로 약점을 관리하라 **246** | 리더십 마인드: 불편함의 역치를 높여라 **251**

8 업무몰입도
정확하게 측정하고 디테일하게 관리한다

느낌을 기피하고 데이터를 선호하라 **259** | 업무몰입도의 주요 변수1: 인정과 칭찬 **265** | 업무몰입도의 주요 변수2: 도전적인 과제 **269** | 업무몰입도의 주요 변수3: 회사의 성공을 확신하는가 **272**

9 인재밀도
저성과자는 최소한으로 줄인다

누가 조직에 해로운 영향을 끼치는가 **279** | 어떻게 저성과자를 개선시킬까 **284** | 저성과자 유입을 막는 세 가지 댐 **289** | 어떻게 면접자의 진실성을 파악할 것인가 **296**

결론 리더는 조직문화를 설계하는 사람이다 **305**

에필로그 **313**

참고 문헌 **318**

들어가기에 앞서

- 개인적 기여자 Individual Contributor, IC 를 제외한 모든 리더 포지션을 '리더'라고 칭했다. 또한 직원 대신 '구성원'이라는 호칭을 사용했다. 직원은 고용 관계에 초점이 맞춰져 있는 반면, 구성원은 조직을 이루는 일원을 의미하기 때문에 조직문화를 중시하는 관점에서 '구성원'이 더욱 적합한 호칭이라고 판단했다.
- 중간 리더는 '팀장'으로, 팀장의 관점에서 바라본 구성원은 '팀원'으로 통칭했다.
- 이 책은 개인적인 경험과 인사이트를 바탕으로 작성했다. 토스의 조직문화를 공식적으로 대변하지는 않으며, 재직하며 그 안에서 마주한 개인적 깨달음과 배움을 기록한 것이다. 실질적으로 조직문화를 어떻게 구성하고 전략적으로 활용할 수 있는지 주관적으로 기록한 책이라는 점을 밝힌다.

More Important
조직문화는 무엇보다 중요하다

미친 성장의 기반

1 핵심가치

모든 결정의 기준이자
성과 창출의 방정식

우리가 승리하는 방식은 이것이다

대학교를 다닐 때, 나는 애교심이 그렇게 높지 않았다. 수능 점수에 비해 원서 지원 결과가 좋지 않아 억지로 입학한 학교였기 때문이다. 당시 수능에 실패했다고 생각하던 나를 위로해 준 것은 학교의 멋진 슬로건이었다.

"그대, 살아 숨 쉬는 한 경희의 이름으로 전진하라."

덕분에 학교의 장점을 더 많이 바라보면서 설레는 마음으로 입학 준비를 했다. 이처럼 많은 대입 수험생이 슬로건을 보고 동기를 부여받는다. 대학들이 멋진 슬로건을 만들려고 노력하는 이유다.

그러나 가슴 벅찬 신입생이었던 나는 점차 학년이 찰수록 이 멋진 슬로건과 학교의 정신을 잊어갔다. 회사원들도 별반 다르지 않다. 재직자보다 취준생이 회사의 핵심가치를 더 잘 안다. 취준생들은 멋지게 정리된 홈페이지를 참고하며 회사에 대해 열심히 공부들을 했을 것이다. 그러나 재직자들은 핵심가치를 바탕으로 일하지 않는 경우가 많다.

이는 학교 입장에서는 가벼운 일일 수 있어도, 회사 입장에서는 치명적인 일이다. 회사는 구성원이 각기 다른 방향으로 자유롭게 나아가고 졸업하는 곳이 아니다. 모두 같은 방향을 바라보며 회사를 위한 성공 방법을 찾아 나서기에도 시간이 모자라다. 이것을 원활하게 해주는 것이 '핵심가치'다. 핵심가치는 듣기에만 멋져서는 안 되고, 실제로 구성원의 머릿속에 항상 자리 잡혀있어야 한다.

2024년 10월, 삼성전자의 위기설이 제기됐다. 주가 하락은 표면적인 현상일 뿐이었다. 내부 구성원들의 증언이 속속 들려오면서 조직문화에 문제가 있을 수 있다는 가능성이 제기됐다. 대표적인 원인으로 기술 리더의 부재와 함께 경직된 조직문화가 꼽혔다. 기술을 잘 아는 이공계 인재가 푸대접을 받으며, 보고에 쓰는 시간이 많다는 이야기였다. 삼성전자의 첫 번째 핵심가치는 '인재제일'이다. 핵심가치대로 의사결정하고 경영했다면 이런 문제가 발생할 확률이 적었을 것이다.

성과를 만드는 문화 전략

핵심가치는 영어로 'Core Value'다. 우리나라에서는 '인재상'이나 '기업 이념'이라는 단어로 좀 더 많이 쓰여왔다. 보통 직장인들끼리 '어디 기업은 어떻다더라' 이야기를 많이 하는데, 이렇게 외부에서 인식되는 것들이 그 기업의 실제 핵심가치에 가깝다. 예를 들면, A 기업은 개인 성과를 굉장히 중요시한다든가, B기업은 워라밸과 직원 복지를 강조한다든가, C기업은 자기 식구는 제대로 챙긴다든가 하는 것들이다. 그래서 외부에서 비슷하게 받아들여지는 기업으로는 이직하기가 더 용이하다고도 한다. 원래 일하던 기업과 이직처의 핵심가치가 비슷하면 적응하고 성과 내기에 편리하기 때문이다.

그런데 핵심가치가 도대체 무엇이기에 중요하다는 것일까? 핵심가치는 회사의 성공 방정식의 집합이다. 여태까지 조직이 성과를 달성해 온 방법을 응축한 것이다. 앞으로 계속 살아남기 위해서 지켜야 할 원칙들도 포함돼 있다. 기업은 시장에서 승리해 비전을 달성하는 것이 목표다. 그래야 주주에게도 좋고, 임직원에게도 좋고, 사회에도 좋다. 승리는 전략에 대한 치열한 고민과 많은 실행, 실패를 통한 성장을 바탕으로 쟁취된다. 제품, 마케팅, 자금 조달 등이 '경영 전략'의 범주에 담긴다면, 조직이 성과를 만들어내는 방법인 핵심가치는 '문화 전략'에 담긴다. 그래서 특정 기업의 핵심가치를 떠올릴 수 없다면 성과 방정식이 정립돼 있지 않다고 봐도 무방하다. 어찌어찌 성과는 내왔지만, 그 방법이 정리돼 있지 않다면 위기 상황이 왔을 때 금방 와해될 수 있다.

팀에게 핵심가치는 성과를 만들어내는 방식으로 쓰인다. 즉, 의사결정과 실행, 협업, 커뮤니케이션의 기준이 된다. 회사는 팀의 집합이다. 팀은 구성원의 집합이다. 때문에 회사의 성공 방정식은 회사, 팀, 구성원 할 것 없이 어디에나 적용돼야 한다. 개인이 원맨쇼를 하면서 이른바 '하드캐리'했던 프로젝트에서도, 기대하지 않았던 팀원들의 조합이지만 시너지를 발생시키며 좋은 성과를 이끌어야 하는 프로젝트에서도 핵심가치는 그 모습을 드러내야 한다.

핵심가치가 무력화되는 대표적인 이유

회사가 성공할수록 회사의 성공과 핵심가치가 서로 무관하다는 인식이 생길 확률이 크다. 이런 생각이 굳어질수록 조직문화의 기반이 송두리째 흔들리게 된다. 왜 이런 인식이 생길까? 구성원이 많아지면 그만큼 고성과자도 많아진다. 고성과자들은 저마다 다른 성과 방정식을 갖고 일해왔다. 소위 '개인기'를 발휘해 온 것이다. 예를 들어 '공감대를 쌓아 리드하라'는 핵심가치가 있더라도 어떤 고성과자 리더는 하향식 업무 지시를 뜻하는 탑 다운 Top down 방식으로 성과를 창출할 수 있다. 처음에는 왜 핵심가치에 맞게 일하지 않느냐는 비판이 있을 수 있다. 그러나 성과가 더 커지면서 점차 핵심가치를 지키지 않아도 성과를 잘 낼 수 있다는 인식이 생기게 된다. 핵심가치가 무력해지는 과정이다.

    하지만 당연하게도 개인기는 개인에게 의존한다. 고성과자가 다른 곳으로 이직하거나, 더 이상 열심히 일하지 않는다면 조직의 성과도 낮아질 수 밖에 없다. 조직은 개인기에 의존해서는 안 된다. 조직이 믿고 기댈 수 있는 성공 방정식은 핵심가치라는 점을 다시 한번 강조하고 싶다. 어떤 인재가 함께하더라도, 어떤 조합의 팀이 있더라도 '우리가 승리하는 방정식은 이것이다'라고 모두가 입을 모아 말할 수 있는 것이 핵심가치다.

핵심가치가
갖춰야 할 디테일

잘 정리된 핵심가치에는 다음과 같은 쓰임새가 있다.

- 회사가 설립되고 10년이 지났지만, 최근 입사한 사람도 회사가 지향하는 성과의 수준을 명확히 안다.
- 문제 해결에 있어서 구성원들이 지지하는 전략이 다를 때, 어떤 방식으로 토론과 결정을 진행할지 합의돼 있다.
- 시장에서 제품이 실패했을 때, 그다음으로 무엇을 해야 하는지 구성원들끼리 합의돼 있다.
- 신규입사자를 어떤 기준으로 뽑아야 하는지 모두 합의돼 있다.

핵심가치가 앞의 쓰임새를 달성하기 위해서는 다음의 세 요건을 갖추는 것이 좋다.

좋은 핵심가치의 요건

1. 명사형 대신 동사형으로 쓸 것

이를테면 '고객 중심' 대신 '고객의 삶을 개선하라'가 좋다. 이렇게 해야 고객에게 무작정 친절하거나 만족도를 구걸할 필요 없이, 고객 삶의 불편한 부분에 초점을 맞출 수 있게 된다. 이것도 애매하다면, '고객의 삶에서 아직 개선되지 않은 곳을 찾아 해결하라' 정도의 디테일도 좋다.

다양하게 해석될 가능성을 축소하는 것이 중요하다. 메타의 핵심가치 중 하나는 '동료를 직설적으로 대하고 존중하라Be direct and respect your colleagues'다. 만약 이것이 '존중하라Respect' 한 단어로만 표현됐다면, 많은 구성원이 도대체 존중한다는 것이 무엇인지 헷갈려했을 것이다. 또한 존중만을 떠올린다면 동료에게 직설적으로 표현할 생각도 하기 어려워진다.

2. 행동사례와 우수사례를 계속 추가할 것

'고객의 삶을 개선하라'를 핵심가치로 정했다고 가정해 보겠다. 그러면 '고객의 삶에서 아직 불편한 부분을 찾고 해결한다'를 행동사례로 넣어둔다. 그러면 삶을 개선한다는 핵심가치의 구체적인 방법을 알 수 있게 돼서, 정해진 범위 안에서 최대한의 창의성을 발휘할 수 있다.

편의점 리테일 업체의 사례를 들어보자. A팀이 고객이 편의점에 방문했을 때 찾는 제품이 없어서 허탕 치는 경험을 0건으로 만들자는 아이디어를 냈다. 고객들의 반응을 보기 위해 재고를 알려주는 서비스를 최소기능제품MVP, Minimum Viable Product으로 만들고 쇼츠로 만들었다. 실제 소비자 반응이 좋아서 카카오톡과 연계해 정식 서비스를 출시했고 고객들에게 많이 사용됐다. 이런 사례를 핵심가치 적용 사례 중 '고객의 삶을 개선하라'의 우수사례로 넣어두면 된다.

3. 여덟 개 이하로 추릴 것

핵심가치는 다섯 개에서 여덟 개 사이가 제일 좋다. 의사결정과 실행의 기준, 아이디어를 생산하는 법, 실패했을 때 대응 방식, 동료와 협업하고 커뮤니케이션 하는 방식 등 일하면서 겪는 대표적인 장면들에서 핵심가치가 하나씩 떠오르면 성공이다. 예를 들어서 회의를 진행할 경우, 회사의 핵심가치인 "Disagree and commit(반대 끝에 승복)"이 떠오르면 성공이다. 각 장면에서 핵심가치를 한 개씩 선정하면 다섯 개에서 여덟 개 정도가 나온다. 여덟 개가 넘어갈 경우 구성원들이 핵심가치를 기억하기 힘들어지기 때문에 초과하지 않는 것이 좋다.

나는 위에서 말한 요건들을 고려해 토스의 핵심가치를 개발했다. 핵심가치 3.0은 내가 3년 동안 이승건 대표와 함께 노력해서 만든 결과물이다. 이전 비전에서는 핵심가치가 20개가 넘어 구성원에게 기억되지 않았을 뿐더러 현실과 거리감이 있는 것이 많았다. 그래서 2019년에 한 번의 업데이트를 시도했으나 실패했다. 당시 고성과자들을 인터뷰해서 우리 조직의 강점을 뽑아내고, 경영진을 인터뷰해서 조직이 더 나아져야 하는 부분을 정리했는데 너무 많은 것을 담으려 하다 보니 결과물이 마음에 들지 않았다. 이때의 실패를 딛고 2021년에 세 번째 버전의 핵심가치를 만들어내는 데 성공했다. 고성과자의 사례를 축적하던 제도가 있었고, 과거와는 달리 모든 것을 담기보다 정말 중요한 핵심만 담자는 마인드로 접근했다. 그리고 계열사 대표들의 의견을 포함해서 우리 조직이 추구해야 할 가치도 담고자 했다. 하나를 추가하고 싶은 욕구가 들 때마다, '이것이 정말 중요한가?' 질문을 던졌고, 그렇지 않다면 함부로 추가하지 않았다. 현재는 몇 개의 가치가 수정돼 '토스 핵심가치 3.1'로 불리고 있다. 이렇듯 현실에 맞춰서 계속 핵심가치를 수정하다 보니, 토스가 시장에서 이기는 팀이 됐다. 토스의 현재 핵심가치 중 일부를 소개한다. 여유가 된다면 전문을 확인하기를 추천한다.

> **토스 핵심가치 3.1**
>
> 이 가치를 지키며 일할 때, 토스의 훌륭한 팀원 High performer 들은 더 좋은 성과를 낼 수 있고 동료의 인정을 받을 수 있습니다. 또한 이 가치를 통해 토스는 시장에서 승리할 수 있고 혁신을 지속할 수 있습니다.

Mission over Individual
개인의 목표보다 토스팀의 미션을 우선한다

토스 팀원은 개인보다 소속 팀, 소속 팀보다는 토스팀의 미션 달성을 우선순위에 둔다. 토스팀에는 탁월한 동료들과 일하며 배우고, 그들의 존경을 얻고, 멋진 변화를 함께 만들고 시장을 혁신하는 일이 안정을 추구하는 것보다 중요한 사람들이 모여있으며, 이들이 서로 같은 목표를 추구할 때 더 강력한 조직이 됨을 기억한다.

Aim Higher
더 높은 수준을 추구하라

토스팀에서 탁월한 업무 처리의 수준은, 주어진 일을 잘 수행하는 데 그치지 않고, 업무 퀄리티와 판단력, 성과의 새로운 기준을 만들어내는 것이다. 이를 통해 주변 사람들에게 존경을 얻어내고 본인의 신뢰와 역할을 확장해 나간다. 주어진 일을 잘 수행하려면 단순히 한 시간을 더 일하는 것보다, 새로운 기준을 만들 수 있어야 한다.

Focus on Impact
하면 좋을 열 가지보다, 임팩트를 만드는 데 집중한다

임팩트란 토스팀의 미션 관점에서 더 많은 사람의 삶을 바꾸는 변화를 마침내 이끌어내는 것이다. 그 첫 번째 단계는, 하면 좋을 열 가지 일을 하지 말아야 할 일로 규정하는 것이다. 산재한 모든 문제를 풀고 싶은 마음이 들더라도, 가장 중요한 일 한 가지를 의도적으로 정하고 집중하라. 한 번에 많은 일을 목표하는 것, 멀티태스킹, 바쁜 삶은 뿌듯함을 안겨줄 수는 있지만 임팩트를 대변하지는 못한다.

Question Every Assumption
모든 기본 가정에 근원적 물음을 제기한다

문제를 다른 관점에서 바라보고 해결하는 제일 좋은 방법은 모든 가정에 근원적인 물음을 제기하는 것이다. 이미 기본적으로 가정하고 실행 중인 안이라도, 그것을 바꾸면 어떨지 더 나은 길은 없을지 끊임없이 추구한다. 이때, 다른 레퍼런스나 유추가 창의적인 사고를 가로막지 않도록 주의한다. 토스팀 혁신의 역사는 당연한 것에 물음표를 던지면서 시작됐다.

출처: 토스피드 〈토스 핵심 가치 3.0의 탄생 : 실패와 패배가 지긋지긋할 때〉

일상에서
핵심가치가 흐르게 하라

당신이 팀을 이끌고 있는 리더라면 팀이 핵심가치에 따라서 일하게 만들어야 한다. 이를 소위 '핵심가치의 내재화'라고 부른다. 이것은 교육이나 이벤트, 캠페인으로는 달성할 수 없다. 하여 '핵심가치 플

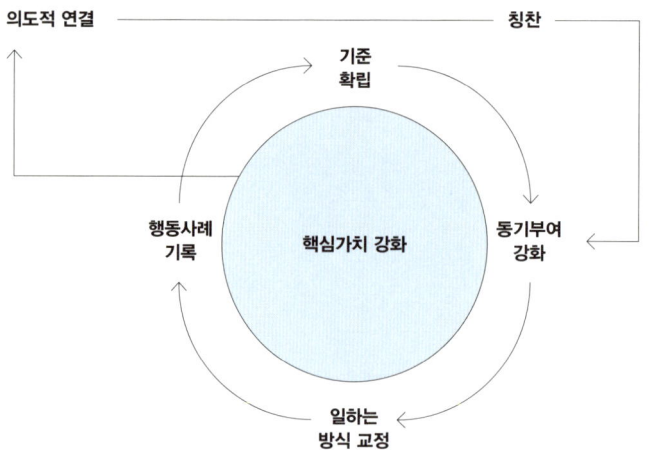

라이휠'을 고안해 봤다. '플라이휠Flywheel'은 아마존에서 만든 개념으로, 여러 개의 행동과 결과가 일련의 과정을 통해 선순환되는 것을 의미한다. 이런 선순환의 구조에 핵심가치 내재화를 적용해 봤다. 우리 조직에 다음에서 소개할 플라이휠을 구축한다면 자연스레 핵심가치가 강화될 것이다.

핵심가치 내재화를 위한 플라이휠

1. 의도적 연결: 일상과 핵심가치를 연결하라

플라이휠은 의도적 연결 단계에서 시작한다. 팀원이 몇 명이든 상관없이, 팀에서는 하루에도 몇 번씩 핵심가치에 부합하는 행동이 일어나고 있을 것이다. 그 행동을 의도적으로 핵심가치와 연결해야 한다. 주로 다음의 상황들에서 핵심가치에 부합하는 행동을 찾아보면 된다.

- 회의 상황
- 의사결정 상황
- 목표 설정 상황
- 실행 후 결과 회고 상황
- 동료와 협업 및 커뮤니케이션 하는 상황

핵심가치와 실제 행동을 연결하는 일은 팀장이 할 수도 있고 팀원이 할 수도 있다. 특정 행동이 핵심가치에 부합한다고 판단했다면, 왜 그렇게 생각하는지 나름의 이유를 붙여보자. 자연스러운 시작을 위해 팀원들끼리는 아래의 활동을 수행하도록 하는 것을 추천한다. 가급적이면 최소한 분기에 한 번은 실시하라.

> **의도적 연결 활동**
>
> 1. 우리 팀에서 경험한 좋은 점과 우리 팀의 강점을 개인별로 포스트잇에 적는다.
> 2. 각자가 생각한 내용을 회사의 핵심가치와 연결시켜 보고, 두 명씩 짝을 지어서 이 내용을 나눈다.
> 3. 팀 전체가 돌아가면서 짝꿍의 경험을 공유하도록 한다. 이는 타인의 발화를 통해 핵심가치가 우리 팀의 것처럼 보이게 만드는 효과가 있다.

보통 핵심가치의 작동이 실패하는 이유는 그것이 우리 삶과 거리가 멀다고 느껴지기 때문이다. 앞의 활동을 통해서 일상 속에 핵심가치가 흐르고 있다는 사실을 발견하는 것이 플라이휠 구축의 첫 번째 단계다. 의도적으로 일상과 핵심가치를 연결하라.

2. 칭찬: 긍정적인 방향으로 행동을 교정하라

핵심가치와 연결된 장면을 포착했다면 리더가 직접 칭찬하라. 누군가를 칭찬하는 행동이 다른 팀원들의 사기를 꺾지는 않을까 걱정하지 않아도 된다. 칭찬은 본래 차등적일 수밖에 없으며, 행동을 좋은 방향으로 교정하는 수단일 뿐이다. 또한 핵심가치에 기반한 칭찬은 리더의 주관적 선호와 관련됐다고 생각할 가능성이 적다. 핵심가치는 하나의 기준으로서 리더가 편하게 팀원들의 장점을 높이 평가할 수 있게 한다는 점에서 의미가 있다.

3. 동기부여 강화: 외재동기와 내재동기의 균형을 맞춰라

칭찬은 팀원의 인정욕구를 자극한다. 긍정적으로 평가받고 싶다는 마음은 인간의 본성이자 외재적 동기 중 하나다. '외재적 동기'란 내 마음속으로 진정 원해서 움직인다는 의미의 '내재적 동기'와 반대되는 말이다. 때문에 개인적으로는 과도한 인정욕구를 좋아하지 않는다. 스스로 동기부여를 하기보다 타인의 기대 심리에 기반해서 일하게 만들기 때문이다.

하지만 다른 동기들과 적절히 균형을 맞춰 구성한다면 인정욕구는 좋은 수단이 된다. 그러려면 인정욕구에 더해서, 실제 핵심가치에 기반해서 일을 할 때 나의 업무 성과도 좋아진다는 성취감을 느끼게 해줘야 한다. 예를 들면, 스스로의 업무 회고록을 핵심가치 기반으로 작성하게 해보는 방법이 있다. 혹은 팀원 간에 핵심가치를 기반으로 한 피드백을 정기적으로 나누게 할 수도 있다.

a. 일하는 방식 교정: 팀원 간의 토론을 장려하라

지금까지의 과정이 성공적으로 수행됐다면, 실제로 팀의 일하는 방식이 핵심가치에 맞게끔 교정되기 시작한다. 이때부터는 서로 핵심가치를 해석하는 수준이나 내용에 대해서 의견이 충돌할 수도 있다. 핵심가치를 떠올릴 때 개인의 업무 상황과 연결 지을 수밖에 없기 때문이다. 이는 건강한 과정이다. '1. 의도적 연결' 단계에서 제시했던 활동을 꾸준히 진행하면서, 팀원 간에 토론이 일어날 수 있게 하라. 그리고 의견이 합치되지 않는다면 리더가 직접 나서서 결론을 내주면 된다. 리더에게는 핵심가치에 대해서 판단할 수 있는 역량과 권한이 있다. 장기적으로 우리 팀의 성과에 더 도움이 되는 방향으로 고민하고 결정하자.

b. 행동사례 기록: 다섯 줄만 기록하라

행동사례를 기록해 두는 것은 플라이휠이 선순환하는 데 가장 핵심적인 부분이다. 사람은 기록하지 않으면 금세 까먹기 때문이다. 또한 팀에 나중에 합류한 사람들은 이전까지의 논의를 전혀 알 수가 없다. 공동으로 작업할 수 있는 문서를 하나 만들어라. 그리고 행동사례 두 줄(이름, 과정 및 결과), 해당하는 핵심가치 한 줄, 핵심가치에 부합하는 이유 두 줄로 딱 다섯 줄만 기록해 두자. 처음에는 리더가 직접 챙기고, 추후에는 팀원이 돌아가면서 기록하게 하는 것도 좋다.

행동사례 기록 샘플

1. 행동사례 : 사원 김형진.
일주일 이상 걸리던 고객 VOC에 대한 개발 조직과의 커뮤니케이션 과정을 담은 현황판을 만듦. 비로소 서로 불필요하게 due date를 체크하던 수고가 사라졌고, 3일 안에 해결되는 VOC의 비중이 20%에서 50%까지 늘어났음.
2. 해당하는 핵심가치 : Keep it simple (단순하게 사고하라).
3. 핵심가치에 부합하는 이유 : 기존 커뮤니케이션은 개인적으로 DM을 주고받는 식으로 진행돼서 구성원들에게 잘 공유되지 않았고, 개인기에 의존하고 있었음. 불필요하고 복잡한 과정을 단순화해 전체의 편의를 도모했으므로 부합함.

c. 기준 확립: 구체적일수록 행동하기 편하다

특정 핵심가치에 대한 사례와 이유가 쌓이면 기준이 확립된다. 핵심가치에 부합하는 기준을 만드는 일은 매우 중요한데, 사람은 기준이 구체적일수록 행동하기 편하기 때문이다. 플라이휠을 여러 번 돌릴수록 기준은 다양한 장면에서 선명해지게 된다. 추후에는 팀원끼리 의도적 연결 활동을 하지 않더라도, 개인이 스스로 의도적 연결을 하면서 핵심가치에 행동을 맞춰가게 된다. 개개인에게 핵심가치가 완벽하게 내재화되기 시작하는 순간이다.

플라이휠 구축
QnA

앞서 소개한 플라이휠을 적용하다 보면 궁금증이 생길 것이다. 내가 자문을 제공하고 있는 스타트업의 리더들에게 지금껏 많은 질문을 받아왔고, 이를 유형화해서 서술해 봤다.

Q. 플라이휠이 잘 구축됐는지 판단하는 방법이 있나?

가장 확실한 방법은 일상적인 커뮤니케이션 과정에서 핵심가치가 언급되는 빈도를 확인하는 것이다. 팀원들이 소통할 때 그들의 말에 핵심가치가 얼마나 자주 등장하는지를 보면 플라이휠이 잘 돌아가고 있는지 알 수 있다.

사내 메신저를 쓴다면 핵심가치의 키워드들을 한번 검색해 보라. 만약 '포악한 속도로 움직여라'가 핵심가치라면, '포악한 속도'

를 검색해 보면 된다. 만약 해당 키워드가 잘 검색되지 않는다면 구성원들의 삶에 큰 영향을 주고 있지 않다는 뜻이다. 또한 점심 식사를 할 때 농담으로라도 핵심가치를 이용해서 말하는지 살펴보라. 일상적인 커뮤니케이션에 녹아들어 있는지를 꼭 살펴봐야 한다.

핵심가치의 언급 빈도는 구두보다 메신저를 통해 정량적으로 측정하는 것이 아무래도 편하다. 실제 사람들이 오픈 채널에서 발화하는 핵심가치의 양이 얼마나 되는지 추적해 보는 시도는 의미가 있다. 이를 통해서 언급되는 양이 가치마다 다름을 알 수 있고, 특정 문화를 강화하기 위한 활동을 했을 때 일시적으로 증가한다는 사실도 알 수 있다. 어떤 가치에 어떤 방식으로 집중해야 하는지 전략을 세울 수도 있다.

Q. 동기부여를 강화하기 위해 보상을 걸어도 될까?

어떤 팀이든 빠르게 변화하는 팀원이 있고, 느리게 변화하는 팀원이 있다. 우리의 목표는 팀원의 3분의 1을 빠르게 변화시키는 것이다. 변화의 폭이 좁고 속도가 느리다면, 인정욕구를 자극하기 위해 보상을 걸어도 좋다. 하지만 보상의 정도에 대해서는 신중해야 한다. 이때 만약 돈을 써서 보상하면 일시적으로는 참여도가 상승할 수 있지만, 순수 동기가 없다면 그리 오래가지 못한다. 내재동기를 건들지 못했기 때문이다. 하지만 초반의 관심과 흥행을 위해서 적당한 수준의 보상을 사용하는 것은 나쁘지는 않다. 예를 들면 3만 원 상당의 백화점 상품권을 증정하는 식으로 말이다. 하지만 이는 자연스러운 행동 변화는 아닐 수 있기 때문에, 반년 정도의 긴 호흡을 갖고 플라이휠 구축을 도모하라.

Q. 팀장과 팀원의 판단이 너무나도 다르다면?

핵심가치에 부합하는 행동에 대해 팀장과 팀원이 해석하는 바가 다른 경우가 있다. 이때는 팀장의 판단이 우선한다. 가령 동료에게 최고의 메이트가 돼줘 팀워크를 증진하자는 핵심가치가 있고, 어떤 팀원이 동료에게 격려차 커피를 줬다고 생각해 보자. 분명 고마운 일이지만, 성과를 만드는 방식과는 거리가 있다. 핵심가치는 누구나 의도적으로 일상적인 행동과 연결시킬 수 있지만, 그 수준은 더 높아지는 방향으로 설계돼야 한다.

처음부터 높은 기준을 요구하면 참여 의욕이 꺾일 수도 있다. 이럴 때는 핵심가치가 부합하는 정도에 따라 레벨을 나누는 것도 좋다. 'Good'과 'Great' 정도로 말이다. 처음에는 Good의 비율이 많았지만, Great의 비율을 높여가는 것이 우리 팀의 목표가 될 수도 있다.

아직 명문화된
성과 방정식이 없다면

핵심가치는 성과를 만들어내기 위한 조직의 방정식이다. 만약 핵심가치가 명문화돼 있지 않다면, 성과를 내는 방식이 구전으로만 전해져 내려오거나 '느낌적인 느낌'으로만 통용되고 있을 것이다. 성과 창출을 개인의 역량에 의존하고 있을 수도 있다. 어떤 경우든지 간에 팀으로서 성장하고 성과를 만들 기회를 놓치고 있을 수 있다. 또한 리더는 구성원을 어떤 기준에 따라 이끌어야 할지 모호하게 느껴질 것이다. 당신이 리더라면 다음과 같은 방법으로 이 상황을 타개하기를 바란다.

핵심가치를 도입하는 법

만약 당신이 스타트업의 창업자라거나 중간관리자로 일하고 있다면 핵심가치의 필요성을 사내에 설파하고 제작을 주도할 수도 있다. 그러나 만약 대기업이나 중견기업의 중간관리자라면 이야기가 좀 다르다. 당신이 임원이 아니라면 핵심가치를 만들자는 공감대를 이끌어내기에 범위가 너무 넓기 때문이다. 이럴 때는 두 가지 방법이 있다. 하나는 작은 실험을 하는 방법이고, 나머지는 직속상관과 의견을 맞추는 방법이다.

팀 내 작은 실험을 추진하기

작은 실험은 말 그대로 우리 팀 안에서의 미니 핵심가치를 만들어보는 것이다. 앞서 소개한 좋은 핵심가치의 요건을 참고해 우리 팀의 핵심가치를 한번 고안해 보자. 주로 팀원들에게 바라는 태도나 행동, 성과의 기준을 위주로 생각하다 보면 우리 팀의 의사결정 및 실행의 기준, 커뮤니케이션 방식은 어때야 하는지 같은 몇 가지 특이점들을 발견할 수 있다. 이를 고민해 정해보라.

직속상관과 의견 맞추기

반면에 팀의 이런 독립적인 행동이 오해를 사는 환경에 있을 수도 있다. 중간 리더가 괜히 세력을 모은다고 눈총을 받을 수도 있다. 이럴 때는 직속상관을 이용해서 그가 생각하기에 권장되는 일하는 방식을 들어보자. 그리고 그것을 바탕으로 핵심가치를 만들어보자. 이런 활동들은 도리어 조직에 핵심가치의 중요성을 설파하는 계기가 될 수 있으며, 당신의 리더십 평가가 좋아지는 기회가 될 수도 있다.

누가 조직에 선한 영향력을 떨칠 것인가

나는 토스에서 '컬처 에반젤리스트 Culture Evangelist'라는 역할을 수행했다. 우리말로 하면 '문화 전도사'인데, 조직 내부에 문화를 잘 알리는 사람이라는 뜻이다. 하지만 전도사 몇 명의 행동만으로 조직 전체에 문화가 전파되기는 사실상 불가능에 가까웠다. 때문에 우리가 마치 싱크 탱크처럼 전략을 짜면, 이것을 개별 조직들에서 실행해줄 사람들이 필요했다. 놀랍게도 토스는 이런 역할, 즉 개별 조직에서의 전도사 역할을 리더에게 요구한다. 사실 전도사를 넘어서 핵심가치의 롤모델이 돼야 한다고 말한다. 그만큼 일하는 방식과 문화에 있어서 리더가 본을 보이는 것이 실제 핵심가치가 작동하기 위해 중요하다는 점을 알고 있기 때문이다.

핵심가치의 주축, 리더의 말

그런데 어느 날 리더 한 분이 나와의 원온원 1on1 면담에서 상기된 목소리로 말했다.

"형진 님, 저도 완벽하지 않은데 회사는 왜 이렇게 저더러 핵심가치의 롤모델이 되라고 하는 거예요? 저는 지금 일하기도 바빠 죽겠는걸요. 저도 사람이에요. 때로는 제가 원하는 대로 하고 싶은데, 너무 억압받는 느낌이 드네요."

보통 리더들은 실무를 잘해서 선임된 경우가 많다. 팀 빌딩이나 사람 관리에 재능이 있어 리더가 되는 경우는 찾아보기 힘들다. 그래서 나는 이렇게 고충을 토로하는 경우 핵심가치의 롤모델이 되라고 강요하지 않는다. 다만, 전도사가 돼줄 것을 부탁한다. 롤모델은 말 그대로 걸어다니는 핵심가치가 돼달라는 것이지만, 반대로 전도사는 핵심가치를 자주 말하는 것에 더 초점이 맞춰져 있다. 사람들이 어떤 개념을 중요하게 인식하느냐, 그러지 않느냐의 기준은 바로 그것을 얼마나 자주 들었는가다. 자주 들으면 실제로 중요하다고 여긴다. 이런 기댓값이 생기려면 리더는 꾸준하게, 일관되게, 반복적으로 핵심가치를 말해야 한다.

실제로 해당 리더분은 한 달 뒤에 그저 핵심가치를 자주 말하기만 했는데 어떤 순간에는 자신이 핵심가치대로 행동하고 있더라고 말했다. 이는 당연한 결과였다. 애초에 조직이 그를 리더로 선임한 이유 중 하나는 그가 핵심가치를 잘 실천한다고 평가했기 때문이었다. 이렇듯 내재적인 잠재력을 외부로 끌어내는 가장 값싸고 쉬운 수단은 '말'이다. 우선 핵심가치를 인용해 자주 말해보라. 그러면 스스로의 행동도 교정된다. 사람은 바깥으로 보여지는 모습과 실제 자신의 모습에서 괴리감을 느끼기를 싫어한다. 그래서 행동도 자연스럽게 핵심가치에 맞게 변화하는 것이다. 전도사가 된다면, 롤모델로 가는 길도 자연스럽게 열린다.

팀 내 앰배서더를 만들어라

일정 수준으로 조직이 커지면 리더가 뻗을 수 있는 영향력에도 제동이 걸린다. 보통은 한 자릿수에서 두 자릿수, 세 자릿수로 팀 인원이 증가하거나, 부서장으로 승진할 때 이런 제약이 더 체감된다. 이때는 자신을 대체할 수 있는 핵심가치 전도사를 만들어서 활동하게 해야 한다. 나는 이들을 '앰배서더'라고 부른다.

가급적이면 앰배서더들은 고성과자이면서, 핵심가치를 잘 이해하고 실천하는 사람이 좋다. 앞서 소개했던 플라이휠에서 가장 많이 언급되는 인원 중 성과가 좋은 팀원을 중심으로 선정하라. 다만 이 제도를 운영할 때는 몇 가지 주의할 사항이 있다.

과도한 보상은 금물이다

예를 들어 스톡옵션 같은 과한 보상은 피해야 한다. 핵심가치를 수호하는 이유는 조직의 성과를 지키기 위함이다. 그들에게 과도하게 보상이 주어지면 조직적으로 불필요한 시기 질투와 도전을 받을 수 있다. 즉, 그 사람의 일거수일투족이 핵심가치에 부합하는지에 대해서 논란이 생길 수도 있다. 이는 고성과자와 핵심가치를 모두 잃는 결과로 이어지기 쉽다. 따라서 앰배서더는 명예직으로만 운영하고, 보상은 가급적이면 비금전적인 방식으로 주는 것이 좋다. 또한 회사의 주요 문화적인 결정에 함께할 수 있는 권한을 부여하면 그들의 동기부여와 회사의 더 나은 결정에 큰 도움이 될 수 있다. 앰버서더로 활동하는 만큼 업무를 덜어주는 것도 좋은 방법이다. 리더가 되는 데 필요한 스펙으로 브랜딩 하기에도 좋다.

핵심가치를 수호하지 않는 인원은 영향력 확장을 제한하라

성과는 좋은데 문화적 지향성이 떨어지는 인원을 어떻게 핸들링 할 것인가. 이는 실제 현장에서 많은 리더가 마주하는 고민이다. 우리는 고성과자로만 조직을 구성하고 운영할 수 없기에 이들을 내칠 수 없다. 그러나 앰버서더 그룹에서는 단호히 배제해야 한다. 또한 영향력을 확장할 수 있는 리더 선발의 기회에서도 핵심가치를 기준으로 엄격하게 평가해야 한다. 이는 핵심가치를 수호하지 않으면 리더가 될 수 없다는 점을 조직적으로 알릴 수 있는 좋은 사례가 된다.

앰배서더 명단은 반드시 공개하라

이들은 핵심가치를 전파하는 중요 임무를 맡고 있다. 이들이 스스로를 앰배서더로 칭할 수 없다면 전파는 불가능하다. 간혹 높은 보상이 엮여있거나 당사자들이 알려지기를 꺼릴 때 명단을 공개하지 않는 경우도 있지만, 되도록이면 반드시 공개하라. 이때 앰배서더 제도는 핵심가치 전파에 그 목적이 있음을 기억하고, 단순한 보상이나 핵심인재 관리를 위한 제도로 그쳐서는 안 됨을 기억하자.

리더가 마주할
네 가지 난관

핵심가치가 일의 기준이 되게 하는 데는 여러 어려움이 존재한다. 이 과정에서 리더들은 다음과 같은 고충들을 자주 느낀다.

1. 일부 고성과자는 핵심가치를 따르지 않고도 개인기를 발휘해 알아서 잘한다. 이들에게 핵심가치를 강조해 봤자 듣지 않는다.
2. 핵심가치를 잘 따르고 수호하지만 개인 역량의 미달로 성과가 좋지 않은 인원이 있다.
3. 핵심가치가 일의 기준이 됐지만, 그럼에도 조직의 성과가 좋아졌다고 보기 어렵다.
4. 회사의 평가·보상 제도와 핵심가치가 잘 연동되지 않아, 팀원들을 핵심가치에 따라서 일하게 할 유인이 부족하다.

모두 핵심가치의 문제라기보다는, 인사제도 혹은 인재밀도와 결부된 이야기다. 이 책은 인사 이론을 담은 책은 아니지만 리더에게 필요한 최소한의 내용을 담았기에 이 문제들을 해결할 수 있는 인사이트를 얻게 될 것이다. 다음 장에서 이야기할 내용들 또한 마찬가지다. 하지만 여기서 간단하게 네 가지 어려움을 해결할 방법을 미리 엿보자.

핵심가치를 둘러싼 상황별 해결책

1. 핵심가치를 따르지 않는 고성과자

팀에 이미 고성과자가 있다는 것이기에 어쩌면 행복한 고민일 수 있다. 이때는 고성과자가 생각하는 다음 커리어의 방향성에 따라서 접근법이 달라진다. 만약 해당 인원이 리더가 돼야 한다면, 사고의 교정이 필요하다. 리더는 팀의 성과를 책임져야 하는 존재이므로 개인기로 자신은 물론 팀의 역량을 확장시키는 데 한계가 있다는 사실을 잘 가르쳐줘야 한다.

그러나 만약 리더가 되지 않을 인원이라면, 그냥 둬라. '성과를 만들어내는 방법 = 역량 × 태도' 임을 기억하면 된다. 여기에서 태도는 동기부여 Motivation 와 컬처핏 Culture fit, 즉 문화적합성을 포괄한다. 만약 이 유형에 해당하는 인원의 태도가 팀에 피해를 주고 있지 않다면 핵심가치를 강조하는 데 당신의 에너지를 굳이 쏟을 필요는 없다. 느리게 변화하는 타입일 수도 있기 때문이다. 조직의 3분의 1이 변화하면 그 역시 서서히 따라올 것이다.

2. 핵심가치를 수호하는 저성과자

앞에서 말한 것처럼 개인의 성과는 역량×태도로 이뤄진다. 태도가 좋은 주니어라면 시간을 조금 더 투자할 때 역량이 높아지는 경우도 많다. 하지만 시간을 충분히 줬거나 주기 어려운 연차라면 합의를 거쳐 서로 다른 길을 찾는 편이 더 나을 수도 있다. 문화의 영역이라기보다는 채용과 인사의 영역에 가깝다.

3. 핵심가치로 팀의 성과가 좋아졌다고 보기 어려운 상황

먼저 성과를 평가하기까지 시간이 너무 짧게 주어지지는 않았는지 점검해 보자. 핵심가치 플라이휠을 구축하고 원활하게 작동시키는 데는 시간이 걸린다. 한편 인재밀도가 괜찮은지도 살펴보라. 역량 미달자가 많은 팀이라면 핵심가치를 통해 업무 방식을 정립하는 일보다 역량을 충족하는 팀원들을 충원하는 일이 먼저다. 만약 두 가지 경우에 모두 해당하지 않는다면, 새로운 업무 방식이 필요하지는 않은지 의심해 보자. 조직에 더 이상 필요하지 않다고 생각되는 핵심가치는 과감하게 삭제한다. 그리고 경영진이나 핵심 인재들이 생각하기에 추가적으로 필요하다고 생각되는 핵심가치를 도입한다.

4. 평가·보상 제도와 핵심가치가 잘 연동되지 않는 상황

이 점은 인사팀이 해결해 주는 편이 제일 좋다. 정규 보상에 연동시키지는 않더라도, 팀별로 핵심가치를 강화하기 위한 예산을 편성해 주고 리더에게 그 분배 권한을 주기만 해도 된다. 만약 인사팀이 없거나 리더에게 권한을 주기 어려운 환경이더라도, 리더에게는 팀원을 성장시킬 권한과 책임이 있다는 것을 기억하자. 성장을 위한 수단으로 피드백, 원온원, 업무 지시 등 다양한 것들이 있다. 반드시 평가·보상과 결부돼야지만 핵심가치를 실천할 이유가 생기는 것은 아니다. 하지만 적절한 보상과 인정욕을 활용한다면 핵심가치 실천을 강화할 수 있다. 이처럼 사람이 움직이는 이유를 이해하고 그들이 <u>스스로 움직이게 하는 방법들을 리더는 항상 공부해야 한다.</u>

For 팀장
시간과 여력이 부족한 리더에게

토스에서 내가 인사·문화적으로 지원했던 팀들에는 하루하루 일할 시간 자체가 부족했고, 인력도 풍족하지 않았다. 나는 보통 리더들과 원온원을 2주마다 진행했는데, 몇몇은 바쁜 하루 틈에 핵심가치까지 고민하는 것은 너무 사치스러운 일이라고 솔직하게 말해줬다. 리더가 열심히 이야기하더라도, 팀원들이 너무 바쁘고 힘들어 보이다 보니 핵심가치를 이야기하는 시간을 갖기도 어렵다는 것이다. 그도 그럴 것이 한정된 업무 시간 안에서 핵심가치를 논의하고 학습해야 하다 보니 상대적으로 실무를 할 시간은 깎이는 셈이다. 이런 상황에서는 핵심가치 플라이휠을 구축하고 이를 실행하는 일이 사치스럽게 느껴지는 것이 당연하다. 이런 경우에는 딱 한 시간만이라도 혼자서 아래의 플랜을 수행해 보기를 바란다.

1. 최근 아쉬웠던 우리 팀의 성과나 더 잘하기를 바라는 점을 한 개만 생각해 본다.
2. 사의 핵심가치에 해당하는 각 항목들을 우리 팀이 얼마나 잘 따르고 있는지 10점 만점을 기준으로 점수를 매겨본다.
3. 가장 낮은 점수를 기록한 항목의 점수가 올라가면, 1번에서 생각한 우리 팀의 문제가 얼마나 개선될 수 있을지 생각해 본다 (n% 등 구체적인 수치일수록 좋다). 만약 그려지지 않는다면, 다른 핵심가치들로 시도해 본다.
4. 이제 해당 핵심가치를 어떻게 하면 올릴 수 있을 지 핵심가치 플라이휠과 연관해서 고민해 본다.

이 과정을 통해서 딱 한 가지의 액션을 도출하라. 그리고 이번 분기 과업에 포함시켜라. 자원이 풍족하지 않은 팀에게 나는 위의 과정만을 부탁했다. 어떤 방법이어도 좋으니, 팀에 핵심가치가 결정과 행동의 중요 기준이 될 수 있도록 리더가 마중물 역할을 한다면 반드시 성장하는 팀이 될 수 있을 것이다.

핵심 Pick

- 핵심가치는 성과를 만들어내는 방식이다. 의사결정과 실행, 협업, 커뮤니케이션의 기준이 된다.
- 핵심가치가 내재화될 수 있도록 플라이휠을 구축하라.
- 플라이휠의 첫 시작은 의도적 연결이며, 행동사례를 기록하는 일이 선순환의 고리를 만든다.
- 리더가 핵심가치의 전도사가 돼라. 이후 앰배서더를 양성하는 것은 더 큰 성장을 위한 발판이다.

2 신뢰자원

조직의 속도와 결속력을
높이는 전략적 자원

신뢰와 의심,
우리 조직의 자원은 무엇인가

압도적으로 우승하는 프로 야구팀의 경기를 본 적이 있는가? 장기간 뛰어난 성적을 거둬 이른바 '왕조 팀'이라고 불리는 이들의 플레이를 보면 마치 모든 것이 미리 짜여진 듯한 느낌이 든다. 다음의 경기 상황을 머릿속으로 그려보자.

9회 초 동점 상황. 상대팀은 1아웃이다. 주자가 1루에 있다. 위기의 순간 병살타를 유도한다면 9회 말 마지막 기회를 가질 수 있다. 마침내 낮은 공에 상대 팀 타자가 땅볼을 쳤다. 아뿔싸, 바운드된 공이 유격수의 글러브를 빠져나갔다. 그런데 어느 순간 유격수와 가깝게 서있던 3루수가 뛰어와 대신 공을 받아 2루수에게 토스했다. 2루수는 전광석화 같은 속도로 1루수에게 공을 던졌다. 달리면서 던져 송구가 약간 빗나갔지만, 1루수는 기가 막히게 잡았다. 마침내 병살을 만들어냈다.

9회 말 첫 번째 공격은 우리 팀 4번 타자부터였다. 홈런 기록이 뛰어났지만, 우선 살아서 나가는 것이 중요했다. 크게 스윙하지 않았고, 공에 배트를 맞춰서 안타를 만들어냈다. 이후 5번 타자는 본인을 희생해서 번트했다. 마침내 6번 타자가 안타를 만들면서 승리했다.

이렇게 손발이 척척 맞는 훌륭한 플레이의 비결은 무엇일까?

공동의 이익을 부풀리는 상호신뢰

그 비결은 '상호신뢰'에 있다. 조엘 피터슨이 쓴 《신뢰의 힘》에서는 상호신뢰를 "관계의 구성원들이 사랑과 책임감을 바탕으로 서로의 이익을 발전시키는 과정에서 생겨나는 것"으로 정의한다. 상호신뢰가 단단하면 공동의 이익을 부풀릴 수 있다.

하지만 안타깝게도 대부분의 사람은 신뢰받는 상황보다 그러지 못하는 상황에 더 많이 놓이게 된다. 특히 능력을 증명해야 하는 회사라는 공간에는 타인을 의심하고 경쟁하게 되는 메커니즘이 있다. 특히 잘 안 풀리는 팀들에서는 혼자 튀려는 개인플레이어가 많거나, 실수를 했을 때 서로를 탓하는 경우가 잦다. 서로의 이익을 발전시키는 데 실패한 것이다. 남이 잘하면 내게 손해라는 생각은 상호신뢰를 저해한다. 그렇다면 신뢰를 쌓았을 때 조직에는 구체적으로 어떤 이점이 있을까?

첫째, 신뢰는 불필요한 비용을 감소시킨다. 커뮤니케이션을 할 때 타인의 진의를 파악하기 위해 노력하는 비효율적인 과정이 필요 없다. 동료를 의심하거나 서로 불필요한 경쟁을 하지 않아도 된다. 부정적인 감정이 줄어들어서 건강한 스트레스 수준을 유지할 수 있다. 부정적 경험에 대한 기억이 긍정적 경험에 대한 기억보다 두 배 이상 오래간다는 연구 결과도 있다. 신뢰받지 못하면 신뢰받았을 때보다 더 오래 기억된다는 의미다. 때문에 이런 상황은 심리적으로 과도한 스트레스를 야기한다. 스트레스가 높으면 당연히 개인의 성과를 위해서 몰입할 가능성은 더 떨어지게 된다. 그러나 조직에 신뢰가 쌓여있다면 감소된 비용을 생산적인 활동에 투자할 수 있다.

둘째, 신뢰는 조직의 속도를 높인다. 구성원 간의 의견 차이를 조율하는 데 긴 시간이 걸리지 않는다. 소통할 때 의도를 속일 필요도 없다. 협업할 때 정보를 숨길 이유도 없다. 신뢰를 기반으로 한 조직은 문제를 해결해 나가는 속도가 빠르다. 보통 작은 스타트업들의 실행력이 빠른데, 그 이유도 여기에 있다.

조직에서의 신뢰는
도덕이 아니다

"형진 님, 구성원을 신뢰하라는 게 호구가 되라는 뜻은 아니에요."

언젠가 리더 한 분이 내게 해준 말이다. 내가 조직문화 담당자로 입사한 지 얼마 안 됐을 때였다. 당시 이 말에 크게 실망했다. 신뢰는 더없이 구성원들을 믿어줄 때 커질 것이라는 믿음이 있었기 때문이다. 문화를 지키려면 신뢰가 중요한데, 사람들이 뒤에서는 다른 생각을 하는 것 같았다. 그런데 몇 년이 흘러 HRBP 역할을 수행하면서 이 말의 참의미를 깨달았다. 막연하게 사람을 믿는다고 신뢰 증진에 도움이 되지는 않는다는 사실을 알게 됐다.

사실 어떤 회사에서든, 사람이 모인 사회이다 보니 누군가를 무한히 믿었을 때 배신을 당하는 일은 비일비재하다. 리더 역할을 부탁하고자 큰 보상을 줬는데, 더 큰 보상에만 매몰돼 자신의 역할을 제대로 수행하지 않는 경우도 있다. 팀에서 제일 성과가 높아 리더의 신임을 얻고 있던 사람은 알고 보니 리더를 욕하는 채팅방을 운영하고 있었다. 이 외에도 많은 일이 있었다. 이런 일들을 직간접적으로 겪다 보니 신뢰의 본질에 대해 많은 생각이 들었다.

신뢰자원을 쌓는 4원칙

'직원에게 자율성을 주고 위임하라. 그러면 주인의식이 높아져 성과가 좋아진다'는 콘셉트는 더 이상 참신하지 않다. 코로나19가 종식되면서 자율성을 기반으로 한 재택근무가 오히려 업무 생산성을 저해한다는 얘기가 많이 나온다. 애플, 메타를 비롯한 많은 기업이 재택근무를 줄였다. 일론 머스크가 트럼프 정부의 효율성팀을 맡으며 신경 썼던 것도 미국 공무원의 재택근무를 줄이는 것이었다.

　이런 모든 일이 신뢰와 관련 있다. 눈에 보이나 안 보이나 열심히 일할 것이라는 생각, 쉽게 배반하지 않을 것이라는 생각, 한 번 설명하면 모두가 100퍼센트 이해할 것이라는 생각. 이것들은 올바른 신뢰일까? 이렇게 생각했던 사람들은 나처럼 많은 반례를 만나면서 결국 사람을 너무 믿으면 호구가 된다는 생각을 하게 된다. 그러면서 점차 '신뢰'라는 단어에 회의적이게 된다. 자연스러운 흐름이다. 맹목적인 신뢰는 사람을 호구로 만드는 게 맞다. 그래서 많은 기업이 조직문화의 핵심 키워드에서 신뢰를 제외하고 포기하기에 이른다. 이론적으로는 완벽하나, 현실적이지 않아 보이기 때문이다.

그러나 조직문화에서 말하는 신뢰는 누구를 얼마나 믿느냐에 대한 도덕적인 이야기가 아니다. 신뢰는 비즈니스 성과를 극대화하는 데 대단히 중요한 전략이자 무형자본으로서 의미가 있다. 조직문화의 성공적 구축은 신뢰자원의 구축에 의해 좌지우지된다고 해도 과언이 아니다. 이제부터 신뢰를 도덕적, 심리적 개념이 아닌 노력으로 쌓아두고 필요할 때 사용하는 전략적인 '자원'이라고 생각하자. 우리는 신뢰자원을 쌓으려는 노력을 계속해야만 한다. 호구가 되지 않으면서도 똑똑하게 신뢰자원을 쌓는 네 가지 원칙을 소개한다. 우리 팀의 신뢰자원이 메말라 가는 것처럼 보일 때마다 꺼내 보도록 하자.

1 **투명성**: 우리는 숨기는 게 없다.
2 **일관성**: 꾸준히 같은 태도를 보여준다.
3 **공감대**: 중요한 결정에 대해 충분히 설명한다.
4 **의미감**: 제출한 의견이 실제로 고려된다.

투명성
우리는 숨기는 게 없다

회사의 중요한 소식을 언론으로 먼저 접하는 것은 구성원들에게 큰 아쉬움을 남긴다. 주변 사람들이 회사의 사정을 물어보지만 본인도 몰랐다고 말해야 할 때면 더 비참하게 느껴진다. 구성원들은 자신이 조직의 경영 상황이나 뉴스에 대해서 잘 알고 있기를 바란다. 타운홀 미팅을 담당했을 때 내가 가장 신경 썼던 것이 바로 이 부분이었다. 중요한 이슈들을 정기적으로 알리고자 했다. 물론 이 정보들이 모든 구성원의 업무와 직접적인 연관관계가 있지는 않다. 하지만 구성원들은 주요 정보를 공유받느냐, 아니냐로 회사의 투명성을 판단하고 신뢰한다.

투명성이 높다면 회사가 구성원 몰래 다른 음모를 꾸미고 있으리라는 불필요한 생각이 줄어든다. 회사가 가려는 방향성을 잘 따르게 될 확률이 높아진다. 2022년 잡플래닛의 웨비나 '토스의 One Team Culture'에서 밝혀진 것처럼, 토스의 계열사들은 태초부터 타운홀 미팅을 진행했다. 초기에는 인원이 몇 명 안 되니 정보가 잘 흐를 것이라는 생각은 오산이다. 적극적으로 정보를 공유하려는 노력만이 조직의 투명성을 높인다.

회사가 아닌 팀 차원에서도 투명성을 높이려는 노력이 필요하다. 핵심은 메시지와 기록이다. 우리는 서로에게 숨기는 것이 없다고 팀원들이 느끼게 하라. 그리고 팀원 또한 팀의 투명성을 위해 노력하게 하라. 이를 위해 아래의 액션 아이템들을 추천한다. 각자 팀의 사정에 맞게 취사선택하면 된다.

투명성을 높이는 액션 아이템

1. 팀장은 중요한 소식을 팀원에게 가장 먼저 알린다 (★★★)

특정인만 정보를 틀어쥐며 불필요하게 치중된 권력은 팀의 신뢰자원을 고갈시키는 가장 큰 장애요인이다. 기밀에 부쳐진 정보가 아니라면 팀장이 팀원들에게 공유해 주는 것이 좋다. 리더의 권위를 만드는 것은 본인의 역량이지 정보의 독점이 아니다. 정보를 독점해 유지하는 권위는 그 정보를 팀원이 모두 알게 되는 순간 물거품이 돼 사라지기 때문이다. 생각보다 팀원들은 필요한 정보가 주어졌을 때 더 일에 몰입한다. 꼭 일목요연하게 정리해서 알려줄 필요는 없다. 회의할 때 최근의 중요한 정보들을 업데이트해 주는 정도만으로도 충분하다.

물론 회사의 어려운 상황을 공유하면 팀의 분위기가 흔들리지는 않을까 걱정할 수도 있다. 사람은 본디 쉽게 불안에 휩싸이고 전염되기 때문이다. 그러나 이 또한 신뢰자원의 측면에서 생각해 보면 좋다. 일시적으로 불안함을 방지하기 위해 상황을 공유하지 않는다면, 추후 실제 그 위험이 가시화됐을 때 팀원들은 불안함보다 더 큰 배신감을 느낄 것이다. 불안이라는 리스크를 안더라도 정보를 공유하며 투명성을 지키는 것이 신뢰자원 측면에서는 더 나은 선택이다.

2. 회의는 기록하고 공유하는 것이 기본 원칙이다

투명성을 높이는 가장 확실한 방법은 밀실 회의를 없애는 것이다. '밀실 회의'란 그 회의가 진행됐는지, 어떤 내용이 오고 갔는지, 어떤 결정을 내렸는지 공유하지 않는 것을 말한다. 물론 모든 회의에 전체 구성원이 참여할 필요는 없다. 오히려 그래서는 안 된다. 너무 비효율적이기 때문이다. 대신 회의의 주요 내용을 기록해 두는 것은 중요하다. ① 참여자, ② 논의 포인트, ③ 의사결정 내용, 이 세 가지 꼭지로 나눠 기록한다. 요즘은 클로바 AI 같은 회의 정리 툴이 상용화돼 다행이다. 회사에서 보안 검토를 받은 AI 툴이 있다면, 위의 세 가지를 중심으로 회의를 정리해 달라고 부탁하자.

3. 실패한 프로젝트도 그 내용을 자세히 적어둔다

일 처리의 마무리는 결과를 보는 것이 아니라, 그 결과로부터 배운 점을 기록하는 것이 돼야 한다. 우리는 폭발적으로 성장해 이기는 조직을 만들고 싶은 것이기에 시장에서 배운 점들을 켜켜이 쌓아가야 한다. 이 기록들은 앞서 기술한 핵심가치 플라이휠의 '기준 확립' 단계에서도 잘 쓰일 수 있기 때문에 이점이 많다. 실패는 필연적으로 결정과 실행이 있어야 나온다. 따라서 핵심가치 사례에 실패 에피소드는 좋은 소재가 된다. 결과 위주로 쓰기보다 과정에서 배운 점, 다음에는 다르게 할 점에 중점을 두고 쓰도록 꼭 주의하자.

For 팀장

투명성을 지키는 리더의 To-do

1. 정보를 공유할 때 전파 범위를 항상 명확히 한다

어떤 종류의 정보는 꼭 공유하기로 한다거나, 회의에서 나온 이야기는 팀 내에서만 공유한다거나 하는 식으로 공유 범위를 항상 정해둔다. 토스의 경우 회사 전체적으로 '내부 100, 외부 0'이라는 원칙을 갖고 있다. 내부에서는 모든 팀이 서로 정보를 공유하지만, 회사 외부에는 일절 공유하지 않는다는 의미다. 더 중요한 정보라면 공유의 범위를 재확인한다. 이는 추후에 생길 수 있는 불필요한 혼선을 방지한다.

2. 투명성을 오용하면 일벌백계한다

사회에서 신뢰자원이 약화되는 것은 보통 사회적 규범을 잘 지키는 99명이 아닌 지키지 않는 한 명 때문이다. 99명의 노력이 수포로 돌아가지 않도록 하려면, 한 명의 지키지 않은 사람에 대해서 타협하지 않는 것이 중요하다. 팀장에게 인사권이 있다면 그것을 활용하고, 팀 내의 투명성을 약화하는 행동은 용납하지 마라.

일관성
꾸준히 같은 태도를 보여준다

꾸준히 화를 내는 상사와 뜬금없이 욱하는 상사가 있다고 해보자. 어떤 상사가 더 같이 일하기 힘들까? 개개인의 선호에 따라 다를 수 있겠지만, 후자와 같이 일하기가 더 힘들 것 같다. 예측 가능성이 떨어지기 때문이다. 부하 입장에서 오히려 꾸준히 화를 내는 상사에게 대응하기가 더 쉬울 수 있다. 매번 화를 내기 때문에 그러려니 하면 되기 때문이다. 이처럼 일관성은 타인과 신뢰 관계를 맺는 데 매우 중요한 요소다. 구성원들은 리더의 행동 하나하나를 신경 쓰면서 일한다. 아무리 수평적인 조직이라도, 리더의 정서와 인품이 조직의 분위기에 큰 영향을 미치는 것은 사실이다. 그러나 리더라고 해서 24시간을 늘 안정적인 정서 상태와 청렴결백한 인품으로 살 수는 없다. 힘을 많이 들이지 않고도 팀원들이 일관성을 느낄 수 있는 방법이 있다.

조직의 일관성이 돋보이는 세 가지 파트

1. 피드백, 핵심가치를 기준으로 주고받을 것 (★★★)

다시 핵심가치의 중요성에 대해서 말하고 싶다. 일관된 기준에 따라서 피드백을 주는 일은 매우 중요하다. 누가 의견을 내든, 어떤 주제가 됐든, 핵심가치에 따라서 피드백을 준다면 취향과 주관에 따라서 평가한다는 이미지와 거리를 둘 수 있다. 물론 모든 피드백은 주관적이다. 관찰한 사실에 주관적인 해석을 더할 때만 피드백이 생겨날 수 있기 때문이다. 이때 같은 기준으로 해석할 수 있다는 것이 핵심가치의 좋은 기능이다.

팀원끼리 피드백을 주고받을 때도 마찬가지다. 권위나 직급이 비슷한 경우에는 피드백을 주고받기 더 어려울 수 있다. 직설적으로 이야기해야 함에도 서로 존중한다는 이유로 회피할 수 있기 때문이다. 이때도 핵심가치를 기준으로 주고받는다면 불필요한 커뮤니케이션 비용이 줄어든다. 예컨대 피드백이 너무 주관적이지는 않을까 고민하지 않아도 된다. 핵심가치에 따라서 일해달라고 하는 것은 우리 조직 관점에서 하는 이야기이기 때문이다.

2. 프로세스, 세웠다면 생략하지 말 것

요즘은 목표 설정, 회고 등과 관련해서 다양한 프로세스가 시장에 소개되고 있다. 그러다 보니 OKR 목표설정이나 KPT 회고 방법 등 좋다는 툴들을 시범적으로 도입해 보고는 한다. 모든 툴과 프로세스에는 저마다의 효용이 있지만, 그것은 꾸준히 실행될 때 비로소 발견된다. 따라서 바쁘다는 핑계로 애써 세워놓은 팀의 프로세스를 생략하지 마라. 그리고 한번 도입했던 프로세스를 자주 바꾸지 마라. 정해진 주기에 따라 반복하는 것이 일관성을 강화하고 불필요한 혼선을 줄여 팀 내 신뢰자원을 쌓는 데 도움이 된다.

3. 절차, 만들고 없애는 데 신중할 것

2022년 6월, 《규칙 없음》으로 유명했던 넷플릭스가 '규칙 있음'의 문화로 바뀐다는 뉴스가 들려왔다. 기존의 넷플릭스 문화는 자율과 책임을 강조하기로 굉장히 유명했기에 놀라운 소식이었다. 당시 넷플릭스는 가입자 수가 10년 만에 처음으로 감소하며 주가가 하락했다. '최고의 통제 수단은 자율'이라는 넷플릭스의 믿음에 위기의식이 생겼다. 이어서 실제로 넷플릭스 내부의 문화 노트가 수정됐다는 보도도 나왔다. 회삿돈을 사용할 때 재정적인 책임의식을 가지라는 내용이 골자였다. 그전까지 법인카드를 직원마다 지급하고, 한도를 두지 않기로 유명했던 넷플릭스였다. 자율과 책임의 문화에서 무게추가 책임 쪽으로 쏠린 것이다. 이 사례는 신뢰가 무조건적인 믿음에 기반하는 것이 아님을 보여준다. 또한 절차를 없앴다가 만드는 쪽으로 간다면 오히려 신뢰자원이 약화된다는 점도 예측할 수 있다. 차라리 초반부터 절차를 만들되, 투명성을 강화해 누구나 지출 내역을 볼 수 있게 만드는 편이 더 나은 선택이었을 것이다.

공감대
중요한 결정은 충분히 설명한다

'답정너'라는 말을 들어본 적이 있는가? '답은 정해져 있고, 너는 따라만 와'의 줄임말이다. 내가 자문을 제공하는 많은 창업자가 본인이 가진 답정너의 기질을 벗어나고 싶다고 호소한다. 나도 개인적으로 가장 실천하기 어려운 것이 답정너 벗어나기다.

내가 생각하는 목적지와 도달하기 위한 과정이 머릿속에 그려져 있어서, 다른 변수가 끼어드는 것이 너무나 싫고 일을 그르칠까 봐 불안한 마음이 들고는 한다. 그러다 보니 굳이 그 과정에 대해서 설명하지 않으려 하거나 결과가 나오면 그때 설명해 주겠다고 유야무야 넘어가고 싶은 욕구가 굴뚝같이 들 때가 있다. 사업을 하면서, 가정에서 아내와 부모님과 대화할 때도 이런 욕구는 자주 올라온다. 하지만 쉽게 예상할 수 있듯이 설명 과정을 생략하면 그 말로가 좋을 수 없다. 구성원이 다같이 알고 해야 하는 일인데 설명하지 않는다면, 나를 뺀 나머지 구성원들은 해야 할 이유를 전혀 공감하지 못할 것이다. 정확히 이런 상황이 '공감대'가 결여된 상황이다. 우리가 이런 결정을 해야하는 분명한 이유와 그에 대한 설명 과정이 공감대를 형성하는 것이다.

팀장에게 가장 도전적인 상황 중 하나는 구성원에게 불이익한 변화에 대해 설득하는 것이다. 채용이 우선순위에서 밀려 신규입사자가 당분간 없다거나, 연봉을 동결해야 한다는 등의 껄끄러운 변화를 예로 들 수 있을 것이다. 우리나라 근로기준법에는 근로자에게 불리한 방향으로 회사의 취업규칙을 변경해야 할 시 근로자 과반수의 동의를 받아야 한다는 내용이 있는데, 이와 같은 맥락이다. 회사의 경영 상황이 변하면 피치 못하게 취업규칙을 변경해야 할 때가 있다. 그러나 구성원 입장에서는 시도 그 자체로 회사의 의도를 자연스럽게 의심하게 된다. 이런 일이 연속해서 발생한다면 신뢰의 하락은 불가피하다. 이럴 때 신뢰자원을 확보하기 위해 가장 중요한 것은 공감대. 공감대는 충분한 수준으로 설명을 하고 이를 위해 시간을 들일 때 달성된다. 팀 단위에서 공감대를 쌓을 수 있는 액션들을 추천한다.

공감대를 쌓기 위한 두 가지 과정

1. 안건 공유와 의사결정 사이에 충분한 텀을 두기(★★★)

아무리 사이가 좋은 팀이라도 회의 자리는 늘 긴장되기 마련이다. 이런 자리에서는 보통 판단력이 낮아지고, 이해가 안 가는 부분에 대해서 바로 질문하기 어렵다. 때문에 회의에서 안건에 대해 아무런 피드백이 없었다고 해서 너무 상심할 필요는 없다. 그리고 너무 빠르게 결정하지도 말자. 적어도 오전 회의에서 나온 안건이라면 오후까지 의견을 달라고 해 퇴근 전에 결정하자. 혹은 회의 전에 주요 논점을 미리 공유하는 것도 방법이다. 중요한 결정일수록 공감대를 형성하려는 노력을 반드시 함께 하자.

2. 원온원 면담에서 의견 물어보기

만약 시간을 더 할애할 수 있는 상황이라면 원온원에서 팀원들의 생각을 물어봐 주는 것도 좋다. 구성원에게 의견을 구하며 공감대를 형성하는 것은 리더의 가장 중요한 역할이지만, 놀랍게도 귀찮아하는 경우가 많다. 학생도 아니고 왜 일일이 챙겨야 하냐고 반문할 수도 있다. 맞는 말이다. 하지만 공감대 형성은 일종의 제스처라고 보면 좋다. 결과보다는 과정이 중요하다는 뜻이다. 특히 팀원들에게 불편한 변화를 앞두고 있다면 이 과정을 필수적으로 거쳐야 한다.

원온원에서 유념해야 할 원칙이 있다. 리더는 들어야 한다. 대화의 지분을 리더가 더 많이 차지하면 공감대는 형성되기는커녕 파괴될 것이다. 가급적이면 설명은 팀 미팅에서 하고, 원온원에서는 팀원이 궁금해하는 점을 위주로 질의응답하라.

For 팀장

공감대의 끝은 '반대 끝에 승복'이다

"팀원이 공감할 때까지 설득해야 하나요?"라는 질문을 종종 받는다. 물론 아니다. 공감대를 형성해서 대다수가 중요한 결정에 찬성하게 되면 참 좋겠지만, 이는 과도한 이상이다. 앞서 말한 것처럼 공감대는 결과보다 과정에 초점을 둬야 하는 항목이다. 또한 사람들의 의견을 모두 반영하는 것이 목표가 아니다.

어떤 안건이 있을 때 팀원들이 충분히 숙고하고 의견을 표명할 기간을 주되, 빠르게 결정해야 한다. 이렇게 결정된 사항에는 반드시 승복하는 것을 원칙으로 한다(팀원에게 위임해 결정한 사항이라면 팀장일지라도 승복한다). 이때 팀장은 의견을 표명하는 팀원의 행동을 칭찬한다. 이런 선순환을 통해 팀원들이 더 많은 의견을 준다면, 팀장도 공감대를 위한 과정에 투자하는 것에 의미를 느끼게 된다.

의미감
제출한 의견이 실제로 고려된다

조직문화 담당자들은 현재 회사의 문화가 건강한지 늘 궁금하다. 그래서 다양한 서베이를 만들어서 배포한다. 나도 그랬다. 그러던 어느 날 친한 개발자와 함께 밥을 먹을 기회가 있었다. 그는 나를 진정으로 응원하는 사람이었지만 내게 충격적인 말을 들려줬다.

"컬처팀은 서베이를 만들어서 돌리는데, 솔직히 뭐가 바뀌는지 잘 모르겠어요. 나는 형진 님을 좋아하니까 매번 정성스럽게 답변하려고 하는데, 다른 사람들은 열어보지도 않아요. 서베이를 하면 뭐가 반영되고 안 되는지 좀 알려줬으면 좋겠어요."

변명의 여지가 없는 사실이었다. 마치 누군가의 질문에 내가 아는 것을 열심히 설명해 줬는데, 막상 물어본 사람은 귀 기울이지 않고 있는 상황과 비슷해 보였다. 그러면 굉장히 어이가 없을 뿐 아니라 그 사람과는 다시 말하기가 싫어진다. 나 역시 그동안 서베이는 엄청 요청하는데, 응답자들에게는 그것이 다 무슨 의미가 있나, 하는 생각이 들게 한 것이다.

그 후로 서베이의 결과 및 후속조치 방향에 대해서 구성원에게 알려주는 습관을 들였다. 서베이 하나하나를 돌리는 데 조심스러워진 것 또한 사실이다. 역설적으로 이전에는 너무 쉬운 마음으로 질문했다는 이야기이기도 하다.

팀에서도 비슷한 상황이 펼쳐지기 마련이다. 팀장은 팀원들에게 회사 생활이 만족스러운지, 팀에 건의사항은 없는지 늘 묻는다. 팀원들은 개선점을 말하기는 하지만, 그것이 실제로 개선되는 경험을 하지는 못한다. 의견을 표명해도 의미가 없다는 생각이 짙어져 간다. 구성원들의 의미감을 유지하기 위해 아래의 방법을 추천한다.

건의사항은 반드시 다시 언급할 것

팀원과의 원온원 면담에서 팀을 위한 건의사항을 전달받았다면, 다음 면담 때 꼭 후속조치에 대해 언급해 준다. 건의사항에 대한 기댓값은 늘 다르기 마련이다. 건의한 사람은 이 정도면 가벼운 요구일 것이라 생각하지만, 막상 실행하려는 사람 입장에서는 어려울 수도 있다. 중요한 것은 이 건의사항을 얼마만큼 진중하게 검토해 봤느

냐다. 꼭 반영해야 한다는 생각은 버려라. 팀장이 의견을 고려했다는 사실만으로 팀원에게는 동기부여가 될 것이다.

그리고 동의를 구하지 않는 한 원온원에서 들은 건의사항은 팀 회의에서 절대 이야기하지 않는다. 사전동의 없는 공유는 당사자의 의미감을 송두리째 꺾어버릴 것이다. 팀원의 이야기는 비밀 사항으로 간주하되, 함께 이야기해 볼 가치가 있는 사항이라면 동의를 얻어 팀에도 공유한다.

배반당했을 때
어떻게 할 것인가

"사람은 고쳐 쓰는 거 아니다."

리더와 인사 담당자가 만나서 인사 이슈를 논의할 때 아마 가장 많이 나오는 소리가 아닐까 한다. 사람이 소폭의 개선은 가능할 수 있어도, 본질은 바뀌지 않는다는 주장이다. 우리는 앞서 신뢰자원을 쌓기 위한 네 가지 원칙, 즉 투명성, 일관성, 공감대, 의미감에 대해 살펴봤다. 리더와 마찬가지로 구성원 또한 이 원칙을 상기하며 성실하게 자신의 역할을 수행하고 신뢰를 지킬 의무가 있다. 그러나 이 장의 서두에서 소개했듯, 구성원이 신뢰를 배반하는 케이스는 늘상 발생한다. 여기서 말하는 배반은 단순한 배신 이상을 말한다. 내가 키워준 구성원이 어느 날 퇴사하거나 다른 리더 밑으로 갔을 때 느낄 수 있는 감정이 배신감이다. 내 마음을 매우 속상하게 하지만, 조직의 신뢰자원을 전체적으로 깎아먹었다고 보기는 어렵다. 반면, 조직 차원에서 신뢰자원을 갉아먹는 배반은 도덕적 해이에서 비롯되거나 조직의 사기를 떨어뜨리고 기강을 해이하게 만든다.

넷플릭스는 '규칙 없음'의 문화로 유명하다. 이는 신뢰와 위임을 바탕으로 한다. 넷플릭스는 과거 컬쳐덱에서 신뢰를 배반하는 1퍼센트의 사람 때문에 프로세스가 만들어지고, 이로 인해서 유능한 사람이 퇴사한다는 발견을 공유했다. 믿을 만한 사람만을 뽑아서 모든 규칙을 없애야 유능한 인재들의 성과가 더 높아진다는 것이다. 매력적인 논리다. 넷플릭스가 주장했듯이 신뢰가 배반당하는 사례가 생기면 가장 먼저 떠오르는 해결책은 규칙의 도입이다. 가령 신규 주택 장만이 목적일 때만 가능한 사내대출을 누군가 대환대출을 목적으로 편법적으로 신청해 들통났다고 하자. 사내대출 증빙의 과정에 여러 절차를 추가하게 될 수 있다. 그러면 담당자의 확인 업무는 과도히 늘어날 것이다. 이렇게 확인하는 절차가 마냥 잘못됐다고 할 수만은 없다. 회사의 큰돈이 지출되는 일이기 때문이다. 불신뢰로 인해 큰 비용이 지출되는 구간에서는 프로세스를 도입하는 것이 오히려 신뢰를 지키는 길이다.

그런데 이때 만약 믿었던 팀원이 신뢰를 유용하고 있었다면 어떨까? 배신감도 크지만 동시에 고민도 된다. 태도에 문제가 있을 뿐 역량은 좋아서 당장의 성과를 내는 데 문제가 없기 때문이다. 그러나 우리는 폭발적인 성장을 이끌어 이기는 팀을 만드는 문화를 살펴보고 있다. 배반의 케이스를 묵과하면 돌이킬 수 없는 신뢰자원의 고갈을 야기하게 된다. 어렵지만, 어떤 리더든 겪는 일이다. 이럴 때는 다음처럼 대응하자.

남은 신뢰자원을 지키기 위해 명심할 것

1. 무관용의 태도를 갖춰라

첫 사례가 일관성을 좌지우지한다. '일벌백계'라는 말처럼, 신뢰를 배반한 사람에게는 무관용 원칙이 중요하다. 역량이 훌륭하다는 이유로 부도덕적인 행위에 대한 처벌을 탕감해서는 안 된다. 이는 조직의 일관성을 매우 저해할 수 있다. 어려운 결정이겠지만, 고성과자임에도 신뢰를 배신했다면 용서하지 마라. 이런 경우는 혼자서 끙끙 앓기보다 인사팀이나 상사와 상의하는 것이 좋다. 만약 명백하게 신뢰를 배반했지만 역량이 좋으니까 묻고 가자는 답변이 나온다면 회사를 향한 구성원들의 신뢰는 곤두박질칠 것이다.

2. 신상은 덮어두되 원칙은 재확인한다

징계 사실의 공표는 명예훼손이나 직장 내 괴롭힘 이슈를 야기할 소지가 크다. 잘못한 행위에 대한 책임은 이미 징계 자체로 탕감됐다고 보기 때문이다. 그러나 조직을 운영하는 입장에서는 이런 잘못이 다른 구성원들에게도 전염되지는 않을까 걱정된다. 그리고 이미 소문이 나버린 일이라면 회사가 원리원칙대로 처리했다는 사실도 보여주고 싶기 마련이다. 이럴 때는 원칙을 재확인하는 방법이 있다. 특정인을 밝히지 않더라도, 최근 회사에서 문제가 된 경우가 있으니 원칙을 재확인한다는 내용을 사내 게시판이나 타운홀 미팅을 통해서 밝히는 것이다. 이런 경우 개인 신상을 밝히지 않고도 신뢰 유용에 대한 무관용 원칙을 확인하는 계기가 된다.

3. 배반의 가능성을 늘 염두에 둬라

특정인에게 프로젝트가 쏠려있거나 한 사람에게 팀의 성과가 좌지우지되면 안 되는 이유가 바로 이 때문이다. 모두 사람이 하는 일이다. 사람에 대해서 모든 것을 알 수 없기 때문에 잠재적인 리스크는 늘 존재한다. 그래서 사람이 아니라 문화가 작동하게끔 만들어놔야 하는 것이다. 'Expect to unexpected'라는 말이 있다. 언제나 예상치 못한 일을 예상해야 한다는 뜻이다. 믿었던 팀원이 신뢰를 배반하는 일이 발생하더라도, 이런 일은 언제나 발생할 수 있다는 다소의 낙관주의가 필요하다. 우리가 조직적으로 신뢰자원을 쌓아두는 이유는 이런 개별적인 배반 케이스에 대응할 때 활용하기 위함이다. 배반이 실제로 일어났다고 해서 감정적으로 생각하거나 조직의 신뢰에 대해 철학적으로 사유하는 일은 적당히 하기를 바란다. 신뢰자원이 깎였으니 어떤 방법을 통해서 다시 채울까를 전략적으로 생각하다 보면 팀의 문화를 지키면서도 리더십이 한층 더 성장할 수 있을 것이다.

`For 팀장`

유대감이 전부는 아니다.

팀의 분위기를 좋게 만들려고 회식도 자주 하고 워크숍도 자주 가는데, 도대체 분위기가 개선되지 않는다고 고민하는 팀장이 많다. 이는 유대감을 통해 팀의 에너지를 끌어올리려는 전략이다. 물론 유대감은 신뢰자원을 쌓는 데 도움이 된다. 팀원들이 서로 데면데면한 것보다는 훨씬 낫기 때문이다. 그러나 유대감으로 신뢰자원을 쌓기에는 결정적인 한계가 있다. 아무리 심리적 거리가 가까워졌다고 해도 각자의 업무를 하는 데 당장 도움이 되지는 않기 때문이다. 인위적인 노력으로 유대감을 쌓으려고 하기보다는, 오히려 함께 프로젝트를 수행하면서 성공을 맛보는 편이 신뢰자원을 쌓는 데 더 큰 도움이 된다. 이와 같이 비즈니스 성공을 더 잘 이끌어 줄 수 있는 것이 앞서 소개한 신뢰 자원의 네 가지 원칙이다. 미친 성장은 잦은 회식으로 서로 친해진다고 해서 만들어지지 않는다.

핵심 Pick

- 신뢰는 자원이다. 구성원을 믿느냐에 대한 도덕적인 이야기가 아니라, 전략으로 생각해야 한다.
- 투명성 강화를 위해 리더는 중요한 소식을 구성원에게 가장 먼저 알려라.
- 일관성 강화를 위해 피드백은 핵심가치에 따라서 일관적으로 하라.
- 공감대 강화를 위해 중요한 안건은 급하게 결정하지 마라.
- 의미감 강화를 위해 건의사항은 반드시 팔로업하라.
- 배반당했을 때는 일벌백계하고, 조직의 원칙을 재확인하라.

3 동기부여

**알아서 잘하는
핵심인재들의 원동력**

조직이 관리해야 하는가 개인이 관리해야 하는가

TV 토크쇼나 유튜브를 보면 매우 즐겁게 '극한 직업'을 소화해 내는 분들을 간혹 볼 수 있다. 일반적인 관점에서 보상이 크거나 직업적 안정성이 높지 않음에도 저렇게까지 열심히 하는 이유가 무엇일까 궁금해질 때가 있다. 이렇듯 일하는 이유를 '동기', 이를 높이는 행위를 '동기부여'라고 한다. 통상 이 두 개가 혼용되고, 보통 동기부여라는 말을 더 많이 쓰고는 한다.

어떤 사람에게 일하는 동기가 보상이라고 가정해 보자. 그러나 회사가 큰 보상을 줄 여건이 안 될 수도 있고, 보상할 정도로 그 사람의 역량이 뛰어나지 않다고 평가할 수도 있다. 이런 경우 회사에서는 그의 성과를 높여줄 수 있는 다른 동기를 찾거나 동기가 부여될 다른 기회를 모색해 주는 것이 최선이다. 성과는 역량과 태도의 곱으로 이뤄지는데, 이때 동기는 태도에 큰 영향을 미친다. 그래서 동기가 고갈된 구성원에게는 관리 비용이 많이 들어간다. 동기는 갑자기 떨어지기도 하고, 서서히 좋아지기도 한다. 미친 성장을 달성하는 조직의 문화를 구축하는 데 있어서 동기부여가 잘된 인재는 필수 조건이다.

때때로 어떤 리더들은 동기부여는 각자가 알아서 관리해야 하는데 과도하게 회사가 개입해서 구성원을 애처럼 취급한다고 한다. 하지만 반만 맞는 이야기다. 우리는 팀원 한 명 한 명의 동기에 과도하게 개입한다기보다, 동기부여의 전체적인 지형도를 그리고 그것을 채워주는 전략을 구사할 뿐이다. 모든 것이 이기는 팀을 만들기 위함이다.

어떤 리더들은 회사 성과가 좋으면 동기부여는 저절로 된다고도 한다. 이것도 반만 맞는 이야기다. 회사 성과가 아닌 다른 동기를 가진 인원들은 일시적으로 상승하던 조직의 분위기가 다시 잦아들면 제자리로 돌아가거나 오히려 허탈함이 커져 동요한다.

앞서 살펴본 핵심가치, 신뢰자원과 마찬가지로 구성원들의 동기를 파악하고 그에 맞는 전략을 구사하는 것은 조직문화에 있어 가장 중요한 초석이다. 우리 회사는 어떤 동기를 가진 사람을 적극적으로 채용하고, 이들의 동기를 유지하여, 그것을 어떻게 강화할 것인지를 전략적으로 생각해 봐야 한다. 이를 위해서는 다음의 질문들을 던져볼 필요가 있다.

동기부여를 위한 전략적인 질문

1. 우리는 어떤 동기를 채워줄 수 있는가?

이 질문은 채용 시 특히 중요하다. 앞서 말했듯이 동기에는 보상을 비롯해, 개인의 성장, 다양한 직무 기회, 전문성 강화 등 여러 가지가 있다. 개인이 가장 중요하게 여기는 것이 우리 회사와 팀에서 채워줄 수 없는 동기일 수도 있다. 이런 경우에는 역량이 아무리 뛰어나더라도 채용하지 않는 편이 낫다. 동기부여가 잘돼야 팀에 긍정적인 영향을 미칠 수 있기 때문이다. 회사나 팀에서는 우리가 높여줄 수 있는 동기의 종류가 무엇인지 인지해야 한다. 그리고 채워줄 수 없는 동기라면 냉정하게 채용을 포기해야 한다. 아무리 시장에서 유명한 사람이라고 해도 말이다.

2. 입사한 다음에는 무엇으로 동기부여를 강화할 수 있나?

많은 회사가 구직자에게 자사에 오면 성장할 수 있다고 내세운다. 하지만 이럴 경우 성장 로드맵과 구직자들의 선택지들을 명확히 그려놓는 것이 중요하다. '성장'의 정의는 무엇일까? 성장에는 역량의 성장, 네트워크의 성장, 경험의 성장, 역할의 성장 등 셀 수 없이 다양한 것이 있다. 회사의 규모가 커질 것이라고 생각한다면, 역할의 성장이 중요할 것이다. 그렇다면 리더십 체계를 확립해 더 많은 사람이 역할을 확장할 수 있도록 준비해 둬야 한다.

개인적으로 채용 시 팀장들이 직무 면접은 물론 문화적합성 인터뷰도 함께 참여해야 한다고 생각한다. 문화적합성 인터뷰란 해당 인재의 일하는 방식과 가치관이 우리 팀과 일치하는지를 알아보기 위한 것이다. 짧은 교육을 거쳐 인사팀이 아닌 사람도 문화적합성 인터뷰를 진행할 수 있다. 이 인터뷰에 참여하면 구직자가 어떤 동기로 일하는지, 우리 회사를 넘어 우리 팀이 그 동기를 채워줄 수 있는지 판단해 볼 좋은 기회가 된다.

동기 관리가
인재 관리다

일할 때의 대표적인 동기로는 다음과 같은 것들이 있다.

1. 호기심

자신의 직무와 관련해 늘 지적으로 궁금한 상태를 말한다. 매우 순수한 동기이며, 이를 충족하기 위해 일하는 사람은 만나보기 어렵다. 이들은 업무 영역에서 깊이 사고하고 근본적인 질문들을 하며 직무적 성과가 뛰어날 수 있지만, 조직 차원에서 필요한 일은 기피하려고 할 수 있다. 자신의 흥미를 우선시하기 때문이다. 하지만 경험상 호기심의 동기가 강한 사람들은 어떤 일이든 늘 긍정적인 시각으로 검토하려고 했다.

2. 성장욕구

성장을 동기로 일하는 사람들은 새로운 지식이나 기술을 습득

할 기회를 원한다. 이런 사람들은 실패에 부딪쳤을 때 그 또한 성장이라고 생각하고 이겨낼 힘이 있다. 반면 고객 응대, 반복적인 인사 행정과 같은 운영성 반복 업무에는 취약한 경향이 있다. 조직이 굴러가기 위해서 필수적인 일임에도 성장을 위한 도전 과제가 아니라며 평가 절하하고, 본인은 하지 않으려 할 수 있다.

3. 인정욕구

이들은 자신의 역할이 얼마나 자랑스러운지가 중요하다. 리더십에 대한 욕심이 있고 본인에게 만족스럽지 않은 지위가 주어졌을 때 반발할 수 있다. 또한 자신을 인정해 주지 않는다는 이유로 리더와 잦은 갈등을 빚을 수도 있다.

4. 보상

가장 기초적인 동기다. 그러나 보상에 대한 욕심이 과하면 연봉 협상 시즌 때마다 회사에 과도한 임금 인상을 요구하거나 분위기를 흐릴 수 있다. 반면 이런 동기가 어느 정도 균형 있게 자리를 잡고 있다면 회사 입장에서는 고성과에 대한 보상을 주며 업무 몰입을 유도할 수 있다.

이 밖에도 목적 의식, 자율성, 연결감, 도전, 존경하는 동료 및 상사 등 다양한 동기가 있다. 대체로 사람들은 여러 가지 동기가 뒤섞인 채로 일하며 동기 간에 우선순위가 있다.

어떤 동기를 가진 사람을 뽑아야 하는가

돈을 좇으며 일하는 사람, 계속 성장하면서 일해온 사람, 리더가 되기 위해서 기회를 노리는 사람 등 뚜렷한 동기를 가졌던 사람들도 주니어에서 시니어가 되거나, 결혼이나 출산을 하는 등 개인사에 변화가 있거나, 그 동기를 마침내 달성하게 되면서 주요 동기가 바뀌기도 한다. 이때 동기가 떨어지면 이직에 대한 고민이 커진다. 그 반대라면 회사에서의 성과가 높아질 확률이 크다. 인재 관리는 동기를 관리하는 일로 좌우지된다고 해도 과언이 아니다.

만약 재원이 넉넉하지 않고 속도가 중시되는 스타트업이라면 보상의 동기가 강한 사람은 조금 나중에 뽑는 것이 낫다. 스톡옵션으로 보상을 해결할 수도 있겠으나 스톡옵션에 대한 과한 동기는 언젠가 독이 된다. 현금화를 강하게 요구해 올 수 있기 때문이다. 대신에 성장욕이 강한 사람을 찾아 나서는 편이 좋다.

회사가 점차 성장하면서는 필요로 하는 개인의 동기가 달라지게 된다. 회사의 규모가 커지면 더 많은 리더가 필요한 법이다. 그때는 인정욕이 있는 사람이 있어야 리더로 승진시킬 기회가 주어진다. 리더로 성공할 이유가 없는 사람이 리더를 하면 구성원을 관리할 때 최악의 퍼포먼스를 보여주는 경우가 있다. 애초에 하기 싫었던 사람 관리 업무를 회사가 억지로 시키는 바람에 이런 결과가 나왔다고 항변할 수도 있다.

주변에서 좋은 인재를 소개받거나 찾았다면, 그의 동기가 어떻게 구성돼 있는지 살펴보고 그것을 회사가 채워줄 수 있는지 생각해 보자. 만약 그렇지 않다면 계속해서 붙잡고 있기 어려울 수 있다. 이것이 바로 회사가 동기부여로 조직문화를 만들어가는 과정의 첫 단추다.

직접동기, 간접동기, 총동기

우리나라에서는 《무엇이 성과를 이끄는가》라는 책으로 널리 알려진 조직심리학자 닐 도쉬와 린지 맥그리거가 제시한 이론이 있다. 바로 '총동기 이론Total Motivation Theory'이다. 개인적으로 많은 영감을 받은 이론이다. 사람의 동기는 직접동기와 간접동기로 나뉘며, 직접동기를 극대화하고 외적 압박을 최소화할 때 조직의 성과가 극대화된다는 주장이다. 직접동기의 총합에서 간접동기의 총합을 뺀 것이 총동기다.

직접동기에는 일의 즐거움Play, 일의 의미Purpose, 일의 성장Potential 세 가지 요소가 있다. 간접동기에는 정서적 압박감Emotional Pressure, 경제적 압박감Financial Pressure, 타성Inertia이 있다.

구성원들의 총동기를 측정하는 방법은 간단하다. 다음의 표에서 제시하는 여섯 가지 질문을 구성원에게 던진다. 그리고 '매우 그렇다'(7점)와 '전혀 그렇지 않다'(1점) 중 해당하는 쪽의 점수에 각 답변의 가중치를 곱한다. 1~3번 답변에 개별 가중치를 곱한 것의 총

No	질문	[점수] X 가중치 *매우 그렇다 : 7점, 전혀 그렇지 않다 1점
1	내가 이 일을 하는 이유는 즐거움을 느끼기 때문이다.	[점수] X 10
2	내가 이 일을 하는 이유는 이 일에 중요한 의미가 있다고 생각하기 때문이다.	[점수] X 5
3	내가 이 일을 하는 이유는 개인적 목표를 성취하는 데 도움이 될 거라고 생각하기 때문이다.	[점수] X 1.66
4	내가 이 일을 하는 이유는 내가 이 일을 하지 않으면 나 자신은 물론 내 주변의 가까운 사람들을 실망시키게 될 것 같아서다.	[점수] X 1.66
5	내가 이 일을 하는 이유는 이 일을 그만둔다면 재정 목표를 달성하지 못할 것 같기 때문이다.	[점수] X 5
6	내가 이 일을 하는 이유를 알 수 없다	[점수] X 10

출처: 《무엇이 성과를 이끄는가》

합에서, 4~5번 답변에 개별 가중치를 곱한 것을 뺀다. 즉 총동기는 직접동기의 총합과 간접동기 총합의 차이다.

총동기는 답변자가 종사한 산업에 따라 평균 점수가 매우 상이하다. 이 책이 발행된 시점을 기준으로 주요 기업들의 점수는 다음과 같다.

- **애플스토어**: 업계 내 다른 업체에 비해 14점 높음.
- **노드스트롬**: 다른 백화점 체인에 비해 14점 높음.

- **홀푸드**: 다른 식료품 업체에 비해 14점 높음.
- **스타벅스**: 다른 패스트푸드 레스토랑에 비해 18점 높음.
- **사우스웨스트**: 거대 경쟁사들에 비해 14점 높음.

닐 도쉬와 린지 맥그리거는 총동기를 높이기 위해 리더십, 직무 설계, 경력 경로, 보상 제도, 커뮤니티, 성과 관리를 직접동기는 높이고 간접동기는 낮추는 방식으로 운영해야 한다고 주장한다. 해당 이론에서 가장 참고할 만한 부분은 직접동기다. 일례로 나도 커리어를 쌓아오면서 일 자체를 즐기거나 호기심을 갖고 업무를 해내는 사람을 만나기는 쉽지 않았다. 대부분의 사람은 회사나 상사에게 인정을 받거나 더 큰 보상을 얻는 등 간접동기가 강하게 작동하면서 일하기 때문이다.

혹시 조직에 타성에 젖어 일하는 구성원이 있다면 그들의 역할이 잘 설계돼 있는지 먼저 점검한다. 타성에 젖어있는 인원도 처음부터 그랬을 가능성은 크지 않다. 아무리 반복적인 일이라고 할지라도 그 안에서의 재미와 의미감을 느낄 수 있기 마련이다. 때문에 역할 설계 면에서 직접동기가 발휘될 가능성이 충분히 있는지를 살펴보자. 시스템의 문제를 개인의 탓으로 돌려서는 안 된다. 그러나 역할 설계에 문제가 없다면 타성에 빠진 구성원은 조직에서 빠르게 정리하는 것이 확실히 좋다.

정서적 압박감 부분은 현대에 오면서 매우 자연스러운 동기가 됐다. EAP Employee Assistance Program 등을 통해 심리상담을 제공하는 것도 그 이유다. 이 부분에 대해서는 스스로 동기부여하는 사람을 채용함으로써 해결해 보는 것을 추천한다.

    그러나 총동기 이론에 비판적인 입장도 동시에 갖고 있다. 간접동기를 너무 부정적으로 평가하기 때문이다. 실제 현장에서는 간접동기를 통한 중장기적인 성과 개선도 가능하며, 시대가 변화함에 따라 제대로 된 경제적 보상을 주는 것이 중요해졌다. 또한 총동기 이론은 위계문화를 과하게 비판하고 과소평가한다. 회사가 위기 상황에 빠졌을 때 혹은 일부 업계에서는 자율이 반드시 핵심적인 문화 형태가 아닐 수 있다. 이런 점에서 위계문화는 가치가 있음에도 총동기 점수가 과도하게 낮게 나오는 경향이 있다.

스스로 동기부여하는 미친 인재의 특징

관리하지 않아도 알아서 일 잘하는 사람. 듣기만 해도 채용하고 싶지 않은가? 이는 훌륭한 팀의 필수요소다. 물론 이런 유형의 구성원들은 리더 자리를 두고 내부에서 경쟁하거나 경제적 이익에 과하게 집착하는 등 부작용을 낳을 수도 있다. 하지만 이들은 근로시간을 적절히 관리하고 회사가 성장하는 데 필요한 일을 나서서 찾아낸다. 스스로 동기부여하는 인재를 채용하면 조직관리에 이점이 많아지는 이유다.

이들은 자발적으로 목표를 설정하고 추진할 가능성이 높다. 이는 업무 속도를 높이고 관리자의 개입을 줄여 팀의 높은 생산성과 효율성을 뒷받침해 준다. 또한 리더의 부담을 경감해 주기도 한다. 관리자로서 구성원 개개인에게 많은 시간을 할애하지 않아도 되기 때문이다. 이들에게도 자발적인 동기가 떨어지는 순간이 오겠지만, 이때 편하게 도움을 구할 수 있도록 원온원 면담 시스템을 설계해 두면 된다.

성장 마인드셋이라는 무기

스스로 동기를 부여하는 사람들의 핵심적인 특징이 하나 있다면, 바로 성장 마인드셋 Growth mindset 을 지녔다는 것이다. 성장 마인드셋은 스탠포드의 저명한 심리학자 캐롤 드웩이 제시한 개념이다. 지능, 재능, 역량이 선천적이거나 고정적이지 않고 노력과 경험으로 발전시킬 수 있다는 믿음을 갖는 데서 시작하는 것이다. 성장 마인드셋은 타고나는 것이 아니라, 의도적인 연습을 통해서 달성될 수 있다. 실패를 포용하고, 다른 사람의 성공으로부터 배우며, 과정을 중요하게 생각할 수 있게 하는 성장 마인드셋은 높은 성취를 하는 사람들의 특징이기도 하다. 이들은 조직에 위기가 있더라도 긍정적으로 받아들인다. 목표한 일을 실패해도 금방 털어내고 다음 시도로 나아간다.

이런 긍정성은 금방 전염되기 때문에 조직문화에 좋은 영향을 미친다. 또한 개인적인 경험상 성장 마인드셋을 가진 사람들은 재직 기간이나 몰입도 면에서 다른 사람들보다 훨씬 훌륭하다. 현재 역량이 높지 않더라도 장기적으로 성공할 확률이 높다. 반면 현재 역량이 좋더라도 성장 마인드셋이 없는 사람은 어려운 시련을 거치는 과정에서 금방 의지가 꺾일 확률이 높다. 보통 이런 사람들은 잠시 반짝했다가 사라진다.

성장 마인드셋과 반대되는 개념은 고정 마인드셋 Fixed mindset 으로 실패를 회피하고 쉽게 포기하며, 다른 사람의 성공을 보면서 쫓

김을 느낀다는 특징이 있다.

성장 마인드셋을 가진 사람은 다음의 네 가지 핵심 원칙을 갖고 인생을 살아간다.

- 실패는 배움의 기회다.
- 성공의 열쇠는 재능이 아니라 노력이다.
- 도전은 성장의 원동력이다. 그러므로 어려운 과제를 택한다.
- 피드백은 발전의 도구다. 피드백을 방어적으로 대하지 않는다.

이 중 맨 마지막 원칙이 가장 지키기 어렵다. 실제로도 피드백에 방어적이지 않은 사람을 만나기 어려웠다. 방어기제는 심리학적으로 극복하기 어려운 과제다. 그럼에도 성장 마인드셋을 가진 사람들은 이를 의식적으로 이겨내려 한다. 피드백을 받은 그 순간에는 불편하더라도, 그 경험을 자양분으로 삼아 발전하려고 노력한다.

수많은 면접을 진행해 오면서 성장 마인드셋을 가진 지원자들을 눈여겨보고, 그가 실제로 그렇게 살아온 것이 맞는지를 집중적으로 점검해 왔다. 성취가 중요하다고 많은 사람이 주장하지만, 그중에서도 진짜 성장 마인드셋을 가진 사람들은 시련과 실패에 대한 질문에 답할 때 과정에 대한 디테일한 일화와 설명을 함께 이야기할 수 있었다. 그 과정이 여전히 뼈아프지만, 인상 깊기에 선명히 기억이 나는 것이 당연한 이치다. 그 결과로 채용된 사람들은 대개 리더 포지션으로 승진하거나 큰 성과를 냈다. 심지어 다른 면에서 적합하지 않아 퇴사하더라도 자존감이 하락하기보다 그 경험을 다음 스텝을 당당히 내딛는 일로 생각하고는 했다.

조직에 스스로 동기부여를 하는 사람들이 가득하다면, 리더가 할 일은 동기부여할 수 있는 환경을 더 갈고 닦아주는 것이다. 구성원들이 가장 많이 동기부여를 느끼는 항목이 무엇인지 파악하고 이를 극대화하라. 예컨대 인정이 핵심이라면 이를 잘 챙기면 된다. 반면에 동기부여를 저해하는 요소는 걷어내야 한다. 대다수의 사람이 불편함을 느끼는 시스템이나 관행이 있다면 리더는 즉시 포착하고 없애려 노력해 그들의 동기부여가 지속가능한 환경을 구축한다.

상하관계가 분명한 조직의 경우

"우리는 상명하복에 기반한 조직인데, 그래도 스스로 동기부여하는 인재를 뽑는 것이 옳을까요?"

이런 걱정을 하는 것이 무리는 아니다. 결정권을 위임하지도 않았는데 시키는 일은 하지 않고 오히려 하고 싶은 일만 하지 않을까 걱정이 된다. 스스로 동기부여하는 것이 자율적으로 일하는 것과 꼭 같지는 않다. 자율성 외에 다른 요소로도 스스로 동기부여하며 일할 수 있기 때문이다. 예컨대, 상명하복의 조직에서도 승진, 보상, 비전 등 다양한 동기가 있다. 물론 이 정도의 야망을 지닌 사람은 업무에 관해 자율적으로 결정하고 싶어 할 가능성이 크지만, 승진하다 보면 결정권도 점차 커지기에 만족할 수 있을 것이다. 따라서 상명하복의 질서, 관료제의 조직이라도 스스로 동기부여하는 사람을 채용하는 것이 좋다. 다만 이들의 동기가 과도한 자율성이나 창의성의 형태로 발휘될 경우에는 재고해 보는 것이 좋다. 이를 위해서는 면접에서 이들이 어떤 요소로 동기부여가 되는지를 상세하게 파악해 둬야 한다. 이 방법은 7장에서 자세히 서술해 뒀다.

구성원의 역량을 개별적으로 관리하는 방법

이제 동기를 활용해서 스마트하게 인재를 관리하는 방법에 대해서 알아보자. 스스로 동기를 부여한다고 해도 그 수준은 때마다, 사람마다 다르다. 수준을 파악하고, 더 높아질 수 있도록 환경을 제공해주는 것은 조직의 성과에 큰 영향을 미친다. 새롭게 선임된 리더들은 구성원들의 성과를 관리하는 일에 큰 어려움을 느낀다. 특히 '자발적인 동기부여'를 '그들이 모든 것을 알아서 한다'와 동의어로 잘못 생각하는 데서 이 어려움이 기인한다. 이런 어려움에 처한 리더들과 면담할 때 주로 제안하는 방법이 있다. 사분면을 그리고, 그 위에 구성원들을 배치하는 것이다.

역량과 동기의 프레임워크

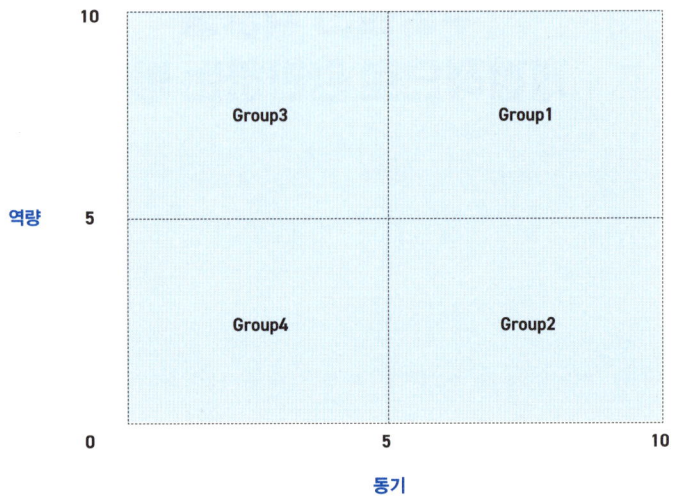

여기서 두 개의 큰 축은 각각 '역량'과 '동기'의 수준을 나타낸다. 이 두 가지가 탄탄할수록 훌륭한 인재일 확률이 높으므로, 이 사분면은 채용을 위해 쓸 뿐 아니라 지속적으로 인재의 성과를 관리하기 위한 프레임워크가 돼야 한다. 역량과 동기의 수준에 따라 팀원들을 사분면 위에 뿌려둬라. 이때 역량은 말 그대로 업무를 수행해 내는 능력과 경험을 이야기한다. 동기는 스스로 동기부여를 얼마나 잘하는지를 기준으로 평가한다. 어디에 위치하느냐에 따라 리더가 접근하는 방식이 다르다.

그리고 정기적으로 그 위치를 조금씩 조정하자. 이동하는 방향과 폭을 보면서 이들의 성과를 어떻게 개별적으로 관리할지 고민해 보는 것이 인재관리의 첫걸음이다. 당연하게도 우리의 지향점은 Group1이다. 그리고 더 나아가 사분면을 뚫고 (10,10) 이상으로 나아갈 수 있도록 인재를 성장시키는 것이다. 다음은 각 위치에 있는 구성원들을 우리의 지향점으로 이동시키기 위한 방안들이다.

Group2: 동기가 높으나 역량이 낮다

열심히 하는데 실력이 뒤따르지 않아 안타까운 경우다. 이때는 마이크로매니징에 가까운 트레이닝이 필요하다. 기한을 명확히 제시하고, 잘하고 못한 것에 대한 기준을 분명히 해야 한다. 개선을 위한 피드백도 가급적이면 자주 주도록 한다. 올바른 방향에서 멀어지지 않게 하기 위함이다. 다만 성장한 부분에 대해서는 인정도 잘해줘야 한다. 이들은 동기 수준이 높지만, 동시에 자신이 잘해온 것에 대한 인정을 에너지로 삼기 때문이다.

Group3: 역량은 높으나 동기가 낮다

막상 하면 잘하는데 하려고 마음을 먹지 않는다. 개인의 마음이 조직 혹은 과업과 멀어져 있는 경우가 대부분이다. 동기부여가 어디서 미흡해졌는지 알아봐야 한다. 과제가 재미없었을 수도 있고, 주도적이지 않은 환경에 있었을 수도 있다. 혹은 개인사에서 기인했을 수도 있다. 자주 원온원 면담을 하면서 동기가 어디서 무너졌는지, 어떻게 채워줄 수 있을지 이야기하며 해결책을 찾아본다.

Group4: 역량과 동기가 모두 낮다

팀에서 본인 몫을 제대로 해내지 못하는 사람일 확률이 높다. 이런 경우 쉽게 팀 회의나 중요한 의사결정 과정에서 배제되기도 하는데, 이는 문제를 더욱 악화시킨다. 지속적으로 팀의 의사결정에 함께하게 해야 이들의 개선에도 도움이 된다. 또한 추후 이들을 어쩔 수 없이 조직 밖으로 내보내야 할 때도 충분히 기회를 부여해 왔다는 증빙이 된다.

이들이 Group4에 머문 기간이 짧다면 우선 Group2로 보낼 수 있도록 동기부여의 문제를 해결해 본다. 그럼에도 Group4에 머무는 기간이 이어진다면 명확하게 과제를 부여하고, 동시에 인사팀과 함께 성과 개선 프로그램을 진행해야 할 수도 있다.

Group1: 역량과 동기가 모두 높다

이런 경우에는 역할을 적극적으로 확장할 수 있도록 동기를 부여해야 한다. 리더가 이들을 차기 리더로 성장시킬 수 있다면 좋다. 팀의 규모가 크다면 리더 대신 몇 명의 팀원을 관리하거나 성장시켜 보도록 중간 리더의 역할을 부여해 봐도 좋다. 보통 이런 과제를 승계자^{Successor}라고 부른다. 글로벌 기업에서는 팀장의 미션 중에 승계자를 양성해 내는 것도 있다. 더 큰 역할로 나아가기 위해서는, 자신을 대체할 사람을 만들어야 하는 것이다. 보통 Group1에 있는 팀원들에게 리더 포지션에 대한 목표가 있을 확률이 높다.

리더가 집중해야 할 영역을 선별하라

팀원들의 위치를 점으로 찍고 나면 우리 팀의 지형도가 보인다. 문화를 만들고 동시에 소비하는 주체들의 현황을 파악하면, 당신이 특히 집중해야 할 영역이 선명히 보이게 된다. 아래의 예시를 보자. 내가 네 명의 팀원을 이끄는 리더라고 가정하고 작성해 봤다. 이들의 연차는 일부러 표시하지 않았다. 각 팀원의 점들 아래에는 그들의 주요 동기부여 요소를 적었다.

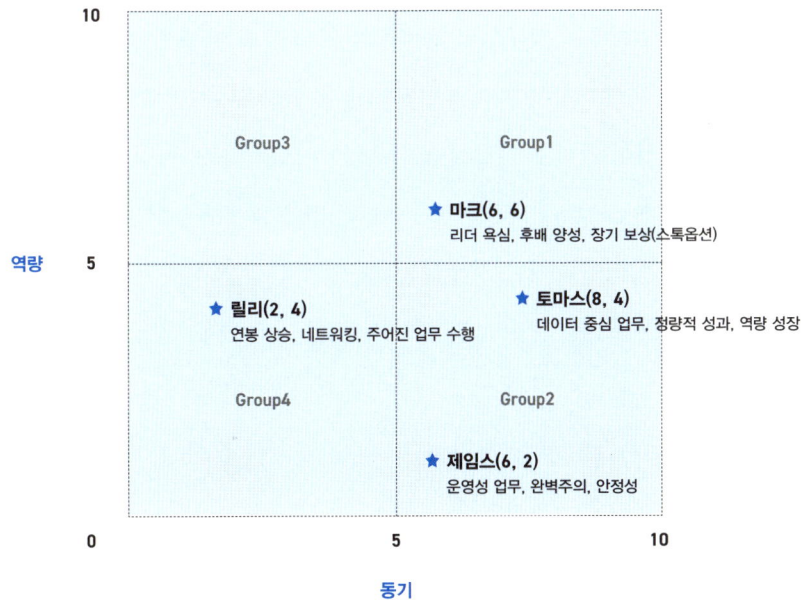

팀에서 역량과 동기의 수준이 골고루 높은 마크가 팀의 성과에 가장 많은 기여를 하고 있을 확률이 높다. 토마스는 성장 의지는 높

지만, 그것을 이끌어줄 사람이 필요하다. 제임스는 운영성 업무를 위주로 하다 보니 역량이 많이 뒤쳐져 있다. 릴리는 어느 정도의 역량은 되지만, 역량 성장보다는 연봉 상승이나 네트워킹 등에 더 관심이 많다. 그러보니 우리 팀의 전체적인 역량과 동기의 수준이 생각보다 높지 않다고 느껴진다. 어떻게 해야 할까.

우선 마크의 리더십 역량을 강화해서 토마스와 제임스의 역량을 높이는 데 도움을 주도록 해야겠다. 그리고 릴리는 내가 직접 원온원 면담을 진행하면서, 스스로 동기부여할 수 있는 상황인지 체크해 봐야겠다.

이때 우리 팀에는 정해진 마감일에 맞춰 일을 끝낸다는 강점이 있지만, 가시적인 변화를 만들어낼 솔루션을 고안하고 실행하는 데는 약점이 있다고 가정해 보자. 우리 팀의 강점인 시간 준수는 유지하되 'Focus on Impact'(하면 좋을 열 가지보다, 임팩트를 만드는 데 집중한다)라는 핵심가치를 강조해, 많은 솔루션을 제시하기보다 진짜 솔루션을 고안하는 연습을 시켜야겠다. 이를 위해 반드시 해당 솔루션이 문제를 어떻게 해결하는지 좀 더 정량적이고 논리적인 이유를 붙이도록 연습을 시켜야겠다. 그럴 수 있는 과제가 팀에 부족하니 내가 좀 더 발굴해 봐야겠다.

이처럼 역량과 동기의 프레임워크를 기반으로 팀이 가진 자원 현황을 수시로 체크하면서, 리더가 집중해야 할 영역을 선별해야 한다. 그래야 바쁜 업무 사이에서도 팀의 경쟁력을 높이는 작업을 놓치지 않을 수 있다.

원온원의 목적을 기억하라

리더와 구성원 간의 일대일 면담, 이른바 원온원을 향한 관심이 커지고 있다. 관련한 책도 출간되고 있고, 내게도 더 나은 원온원 방법에 관해 질문을 많이 해온다. 팀원들을 개별적으로 관리하는 일의 중요성이 부각되고 있으니 매우 좋은 현상이다.

원온원은 안건이 있을 때만 이뤄지는 것이 아니다. 정기적으로 대화를 나눌 수 있는 창구로서 가치가 크다. 2~4주에 한 번씩 진행하는 것이 일반적이다. 제일 중요한 목적은 팀원의 업무몰입도와 목표를 상시 체크하는 것이다. 이 과정에서 필요하다면 사적인 대화를 나누기도 한다.

그런데 어떤 리더들은 이 시간을 피드백 보따리를 풀기 위한 시간으로 쓰고는 한다. 원온원은 뜻 그대로 '1:1'로 이뤄진다. 만약 이 시간을 팀원에게 피드백 주는 시간으로 쓴다면 이 과정은 '1.9 : 0.1'로 변모하지 않을까? 어느 누구도 그것을 일대일 대화라고 생각하지 않을 것이다. 때로는 팀원이 사적인 영역에서 어려움을 겪어 업무에 대한 몰입이 저해되고 있을 수도 있다. 동료 간에 갈등이 있을 수도 있다. 자신이 하는 일의 의미를 느끼지 못하고 있을 수 있다. 이와 같은 주제를 팀원이 스스로 찾고 사유하는 연습을 해야 한다. 효과적인 원온원이 되려면 프레임워크에 맞게 팀원이 주제를 가져와야 한다 (이를 위한 원온원 프레임워크는 추후 7장에서 확인해 볼 수 있다). 만약 이들이 리더에게 가이드와 가르침만을 바라고 있다면 그 생각을 교정해 주

자. 원온원은 팀원이 능동적으로 임하는 시간이어야 한다.

미팅 주기도 팀원이 직접 선택하는 것이 좋다. 되도록이면 그 주기가 한 달을 넘어가지 않도록 정해두면 된다. 리더를 자주 만나 자신과 팀의 목표를 일치시키는 것에서 동기부여를 느끼는 인원은 아마도 잦은 만남을 원할 것이다. 그러나 개인의 업무 몰입과 집중을 더 중요시한다면 한 달에 한 번으로도 충분한 효능감을 느낄 수 있다.

무너진 동기를 재건하는 방법

스스로 동기부여하는 사람도 때로는 지친다. 이들의 무너진 동기를 다시 함께 쌓아 올려주는 것이 리더의 역할이기도 하다. 번아웃을 경험하는 구성원에게 휴가를 부여하거나, 일의 종류를 바꿔주거나, 보상을 더해줄 수 있다. 개인의 부침을 잘 해결할 수 있게 도와주려는 노력은 조직문화에 긍정적인 영향을 준다.

종종 혼자 끙끙 앓다가 불쑥 퇴사를 말하는 경우가 있다. 이에 대한 전조를 미리 감지하지 못했다는 사실에 자책하는 리더들도 더러 있다. 하지만 사람의 마음을 투명하게 알기란 어렵다. 마지막 원온원 이후 그들의 생각에 변화가 있었을 수도 있다. 구성원의 동기가 무너졌다면, 자책하기보다는 이들을 어떻게 케어할지를 먼저 생각해 보자. 다음과 같은 방향으로 접근해 보기를 추천한다.

퇴사를 말할 때 어떻게 대응할 것인가

1. 속단하지 않고 더 들어본다

당신이 리더로서 바쁜 것을 이해한다. 그러나 이 순간 구성원의 좌절감과 상실감보다 더 중요한 것은 없다. 다른 미팅을 취소하고서라도, 즉각적으로 이들과 면담을 진행하자.

- 이들의 상황에 호기심을 갖고 질문한다. "무슨 일인지 좀 더 듣고 싶어요. 설명해 줄 수 있을까요?" 팀원을 속단하고 싶은 마음이 들더라도, 이를 잠재우고 더 들어본다.
- 반복적으로 쓰는 단어를 파악한다. 그 단어가 무슨 의미인지 한 번 물어본다. 이때 팀원이 묻어두고 있던 더 깊은 생각을 알 수 있다.
- 10분 이상 쭉 듣는다. 하고 싶은 말과 평가하고 싶은 마음이 생기더라도, 일단 듣고 본다.

질문과 경청이 팀원의 동기 회복에 도움이 되는 이유에는 여러 가지가 있다. 첫째, 인간의 뇌는 공감을 '생존' 신호로 인식한다. 인간은 사회적 동물이기 때문이다. 특히 사회적 유대와 소속감은 생존을 위한 중요한 요소였기 때문에 우리는 타인이 자신을 이해하려는 '공감' 신호에 민감하게 반응한다.

둘째, 경청은 '위협' 반응을 낮춘다. 사람이 동기부여를 잃게 되면, 무능함이나 열등감과 같은 자기 보호 시스템을 작동시킨다. 이럴 때 리더의 성과 체크는 위협으로 인식돼 방어감이 높아지게 된다. 반면에 리더가 진심 어린 호기심으로 묻는다면 자기 성찰, 감정 조절, 의사결정 능력이 회복되기 시작한다.

셋째, 호기심 기반의 질문은 내재동기를 높인다. 리더가 일방적으로 조언하는 게 아니라 계속 질문하고 경청하면 구성원은 스스로의 감정과 욕구를 언어화할 기회를 갖는다. 그러면 나는 스스로 생각하고 선택할 수 있는 존재라는 자율감을 회복하고 스스로 답을 찾게 해줘 내재동기를 자극하게 된다.

2. 스스로 생각한 답을 물어본다

아직 힘든 감정만 있을 수도 있고, 스스로 아직 답을 정하지 않았을 수도 있다. 그럼에도 본인이 생각해 본 다음 플랜이 있는지 넌지시 물어본다. 퇴사라는 충격적인 답이 나오더라도, 그것을 만류하기 위해서 불쑥 끼어들지 않는다. 왜 그런 결정을 내리게 됐는지, 그 이유에 대해서 좀 더 물어본다. 이유를 말하는 과정에서 구성원도 자신의 결정이 감정적이었다거나 무리였다는 사실을 깨달을 수 있다.

3. 무너진 동기가 회복된 후를 함께 생각한다

이야기를 다 들었다면, 지금 어떤 동기가 무너졌는지 다시 한번 되묻는다. 가령 '성장'이라고 한다면, 다시 조직에서 성장할 수 있다면 행복할 것 같은지 묻는다. 만약 그렇다고 한다면, 그 미래에 대해 구체적으로 질문한다. 본인의 모습이 어떻게 상상되는지, 주변에는 어떤 사람들이 있는지 등을 묻는다면 좀 더 실질적으로 동기부여를 도와줄 수 있다. 아니라고 한다면, 또 다른 동기부여 요소는 무엇인지 물어본다.

4. 리더로서 해줄 수 있는 것을 제안한다

이제는 우리가 대안을 제시할 차례다. 그 전에 먼저 솔직히 말해줘서 고맙다는 인사를 꼭 전한다. 그리고 만약 그 자리에서 바로 제안할 수 있는 카드가 떠오른다면 제시하라. 다른 사람들과의 논의나 확인이 필요하다면 하루만 기다려달라고 제안한다. 다만, 보상에 대해서는 신중하게 판단해야 한다. 무너진 동기를 이유로 보상을 올려주기 시작하면 원칙과 형평성이 모두 무너지기 십상이다.

이 과정들을 보면 알겠지만, 구성원의 동기가 무너졌을 때 리더가 취해야 할 가장 중요한 행동은 경청과 질문이다. 자신이 선배로서 더 많은 일을 겪어왔더라도, 상대는 우리가 100퍼센트 이해할 수 없는 고유한 상황을 겪고 있다는 점을 알아야 한다. 이해하려는 노력과 호기심을 좀 더 보여준다면, 무너진 동기는 의외로 쉽게 회복될 수 있다. 그리고 누구나 이런 시기는 올 수 있다고 전제하자. 심지어 언젠가는 당신도 리더로서 지치는 날이 올 때도 있을 테니까 말이다.

For 팀장

당신의 동기부여가 먼저다

구성원의 동기를 관리하는 과정에서 정작 리더 자신의 동기가 고갈되는 경우를 수도 없이 많이 봤다. 특히 글로벌 기업보다 국내 기업에 몸담고 있는 리더들에게 그런 경우가 더 많다. 한국에서는 아무리 성과가 낮고 조직의 분위기를 해치는 직원이 있더라도 해고가 쉽지 않고, 오히려 그들이 위축되거나 불편해하지는 않을까 눈치도 많이 봐야 한다. 위계가 비교적 명확하기 때문에 리더에게 요구되는 책임도 더 크게 느껴진다. 다시 실무자로 돌려보내 달라는 리더도 많이 많았다. 그만큼 리더로서 동기를 유지하는 일이 쉽지 않다.

앞서 구성원의 동기가 무너졌을 때는 경청과 질문을 하면서 케어해 주는 것이 좋다고 말했지만, 퇴사가 심각한 경우가 아니라면 비교적 가볍게 접근하는 것이 좋다. 한 명 한 명에게 마음을 다 주고 신경을 쓰다 보면, 마음처럼 안 되는 사람 관리에 금방 지치게 될 테니 말이다. 리더들에게 자주 추천했던 방법은 크게 두 가지가 있다. 바로 주도성 지키기와 마음챙김이다.

1. 주도성 지키기

사람 관리는 주도성을 느끼기 어려운 영역이다. 사람은 마음처럼 쉽게 다룰 수가 없기 때문이다. 그래서 업무 외적으로라도 자신의 마음대로 할 수 있는 일을 찾아야 한다. 이때 취미 생활을 이유로 어려운 것을 배우는 경우가 있는데, 동기부여의 관점에서는 별로 추천하지 않는다. 자기 마음대로 안 되기 때문이다. 비교적 쉽게 할 수 있으면서 금방 성취감을 느낄 수 있어야 한다. 게임이나 가벼운 운동, 여행 같은 것들을 시도해 보자.

2. 마음챙김

마음챙김 Mindfulness 은 몇 년 전부터 많은 관심을 받기 시작했다. 구글에서 내부적으로 'Search inside yourself' 프로그램을 운영하면서 명상의 중요성이 널리 알려졌다. 명상과 더불어 고충을 서로 마음 편히 털어놓을 수 있는 대상을 찾자. 가급적이면 이전 회사의 동료들과 어려움을 나누는 것이 좋다. 현재 직장의 동료들과 이야기를 하면 아무래도 소문이 돌 수도 있다. 좀 더 편한 대화 상대를 만들어 주기적으로 스트레스를 풀고 나의 마음을 챙겨주도록 하자.

추가로 실무 비율에 대해서 재고해 봐야 한다. 관리자 역할을 하면서 실무도 동시에 수행하겠다는 욕심은 버리는 것이 동기부여에 도움이 된다.

핵심 Pick

- **스스로 동기부여하는 인재는 조직문화를 만드는 데 필수 조건이다. 이는 채용 과정에서부터 신경 써야 한다.**
- **스스로 동기부여하는 인재가 지닌 공통적인 특징은 성장 마인드셋이다. 이들은 실패를 배움의 기회로 생각한다.**
- **상명하복의 문화라고 해도 스스로 동기부여하는 인재를 채용하는 것이 좋다.**
- **역량과 동기의 프레임워크에 따라 팀원들의 현황을 살펴보고, 리더가 집중할 부분을 파악하라.**
- **팀원의 동기가 무너졌다면 경청과 질문을 아끼지 마라.**
- **그럼에도 리더 스스로의 동기를 챙기는 것이 먼저다.**

Not Accept
기존의 관행을 깨라
미친 성장을 위한 맞춤형 설계

4 명확함

**원칙 없는 자율을
기대하지 마라**

명확함은
독선인가

2023년부터는 토스증권에서 HRBP로 일했다. 그 전까지 수행하던 문화담당자 역할도 매력적이었지만, 좀 더 구체적으로 리더와 사람들에게 도움을 주고 싶었다. HRBP는 말 그대로 현업 조직의 비즈니스를 성장시키는 목표를 갖고, 인적자원과 조직문화, 리더십 측면에서 도움을 주는 사람이라고 생각하면 된다. 운이 좋게도 내가 이 일을 하던 때 토스증권 CEO였던 김승연 전 대표가 HRBP 모델의 원형이라 불릴 만한 구글에서 오래 일했기에, 제대로 트레이닝 받을 수 있었다.

그때 내가 담당했던 리더 중에 90년대생 팀장이 있었다. 팀원들은 모두 그보다 나이가 많았다. 솔직히 우려가 많이 됐다. 토스가 아무리 수평적인 분위기더라도 우리나라에서는 나이에 따라 말이 가진 영향력이 달라지기 때문이다. 그러나 그와 처음 원온원을 갖고 난 뒤, 그 우려가 씻은 듯이 사라졌다.

그는 내가 만난 어떤 리더보다도 명확한 사람이었다. 일곱 명의 팀원이 각각 어떤 역할을 해야 팀이 더 발전할 수 있는지에 대한 분명한 생각이 있었다. 보통 리더가 되고 나면 앞으로 팀이 나아가야 할 방향과 목표를 정하기 위해 다른 것보다 먼저 원온원을 진행하고는 한다. 자신의 의견을 먼저 내세우기보다 팀원들의 의견을 수렴하기 위함이다. 그러나 그는 각 팀원에게 부여할 역할, 그리고 성과를 평가할 수 있는 지표를 먼저 고민하고 있었다. 어떨 때 리더가 개입해서 업무를 처리해 줘야 하는가에 대한 기준도 있었다. 팀장이 되고 처음 맞이했던 업무몰입도 평가에서, 리더에 대한 신뢰 점수가 100점으로 평가될 정도로 팀원들의 지지도 단단했다.

MZ세대가 리더에게 기대하는 것

2025년 5월 휴넷CEO에서 발표한 '리더에게 기대하는 역할은?'이라는 설문조사는 매우 인상적이다. 소위 'MZ세대'라고 불리는 밀레니얼세대와 Z세대가 리더에게 가장 기대하는 역할은 '문제해결 및 위기관리'였다. 베이비부머세대가 '혁신과 변화 주도'를 선택한 것과는 대조되는 결과다. 나는 이것이 명확함에 대한 MZ세대의 선호가 드러난 결과라고 생각한다. 내가 겪어온 바로, 이들은 자신이 무엇을 해야 하는지, 또 무엇을 했을 때 잘했다고 볼 수 있는지 듣기를 원하는 경향이 있다.

리더에게 기대하는 역할은? (복수 응답)

역할	전체	Z세대	밀레니얼	X세대	베이비부머
문제 해결 및 위기 관리	60.0%	67%	67%	53%	40%
조직 목표 달성, 성과 향상	50.3%	42%	53%	48%	49%
팀워크 강화	41.7%	50%	45%	39%	24%
구성원 육성 및 역량 개발	34.2%	38%	37%	31%	31%
비전 제시	31.8%	21%	29%	34%	51%
혁신과 변화 주도	21.0%	14%	17%	24%	56%
윤리적 가치 및 원칙 준수	10.8%	8%	9%	13%	13%

출처: 휴넷CEO 리포트 5월호

    재밌는 것은 X세대를 포함한 기성세대 리더들은 이들이 마냥 자율성만을 원한다고 느끼는 경우가 많다는 사실이다. 그러나 명확함 없는 자율은 방임이다. 프로세스와 원칙이 없는 자율은 방만이다. 방임과 방만으로는 조직을 성장시키기 위한 문화를 만들 수 없다. 조직의 성과를 잘 이끌어내기 위해 해야 한다고 생각하는 것이 있다면, 그것을 실행하기 위한 원칙과 프로세스를 마련하고 구성원들과 공유해야 한다. 어찌 보면 당연하게 느껴지지만, '규칙 없음'으로 대변되는 자율과 책임의 문화가 이 당연함을 구시대적인 것으로 바꿔버린 듯한 분위기가 있었다. 그러나 이런 명확함은 곧 조직의 문화가 된다.

    명확함이 자칫 독선이나 고집스러움으로 비춰질까 봐 걱정하는 마음도 공감된다. 하지만 여기서 말하는 명확함은 리더가 조직을 이끄는 데 있어서 자신이 알고, 믿는 수준까지 지켜내는 것이다. 리더라고 해서 모든 것을 속속들이 알고 완벽하게 해내지는 못한다. 리더도 본인이 몰랐던 영역에서는 틀릴 수 있다. 만약 그런 영역에서도 아는 척을 하면서 이래라저래라 한다면 그것이야말로 독선에 가깝다.

그렇다면 명확함이 실제 조직에서 어떻게 실행되는지를 보자. '우리는 일주일에 하루만 재택근무를 하고, 나머지 평일에는 사무실로 출근한다'라는 원칙은 명확하다. 반면에 '가급적이면 재택근무 하지 말고 사무실로 나오자'는 원칙은 명확하지 않다. 이런 불명확함은 해석의 다양성을 낳고, 오히려 원칙을 잘 지키는 사람을 역차별할 소지를 만들게 된다.

이 장에서는 업계에 만연한 오해나 편견에 대해서 이야기하고 싶다. 아래는 과거의 나도 사실이라고 생각했던 것들이다.

- 규칙과 프로세스는 자율과 반대되므로 무조건 없애야 한다.
- 스타트업의 경우 일단 성장하고 나서 원칙을 정해야 한다.
- 리더들은 팀원에게 더 많이 위임해야 하며, 규칙으로 리드하려 해서는 안 된다.
- 역할은 개인이 만들어가는 것이다. 세세하게 부여된 역할과 책임은 자율성을 방해한다.
- 젊은 세대는 본인의 결과물에 구체적인 피드백을 주면 싫어

한다.
- 마이크로매니징은 좋지 않다.

주로 명확한 무언가를 만들고 전달하려는 시도가 옳지 않다는 결의 이야기들이다. 몇 년 전까지 유행했던 실리콘밸리의 자율과 책임 문화를 많은 조직이 그 껍데기만을 따라 하며 오해가 생긴 것 같다. 그러나 성장하는 문화를 가진 기업들은 오히려 명확함을 활용한다. 그리고 명확하지 않아 발생하는 일들에 대해서는 책임을 묻는다. 이제부터 어떤 명확함이 조직의 문화에 중요한지 살펴보도록 하자.

자율성에 날개를 달아주는
명확한 규칙

많은 인사담당자의 고민 중 하나는 재택근무다. 코로나19가 유행했던 시절에는 나도 재택근무를 하면서 다음과 같은 고민을 해본 적이 있다. '집에서 일하는데 배달음식을 시켜 먹는 것도 식대로 칠 수 있으려나?', '잠깐 침대에 누워서 휴식하는 것은 괜찮을까?' 자랑은 아니지만, 이런 고민은 어느 정도 도덕성을 중요하게 여기는 사람만이 할 수 있다. 이렇듯 자율의 문화는 높은 수준의 도덕성을 기반으로 한다. 그래서 대부분의 사람은 규칙과 프로세스를 도입하는 이유를 두고 인간의 도덕성을 믿지 못하기 때문이라고 생각한다. 그러나 규칙과 프로세스는 오히려 효율성을 높여 자율의 문화를 강화한다. 얼핏 들으면 말도 안 되는 이야기 같을 수도 있다.

가령 복리후생 차원으로 모니터를 지급한다고 가정해 보자. 그리고 재택근무 사용은 자율에 맡기고 있다. 그러던 어느 날 누군가 재택근무용 모니터를 신청했고 갑론을박이 펼쳐졌다. 누군가는 모니터가 아닌 다른 소모품도 신청해도 되느냐고 질문할 수도 있고, 누군가는 회사가 아닌 집에서 일하는데 왜 회삿돈을 쓰냐고 반문할 수도 있다. 재택근무에 쓸 모니터를 신청한다고 해서 회삿돈을 함부로 생각하며 도덕성이 낮다고 비난할 수는 없다. 오히려 일에 더욱 몰입하고 싶었을지 모를 일이다. 상식의 차이에서 기인하는 문제다.

상식의 차이로 인해 구성원들 사이에 갈등이 생기는 것은 불필요한 일이다. 도덕성이 높은 사람이 손해를 본다면 이 또한 잘못된 일이다. 괜한 공정성 논란을 만들어서 신뢰자원을 고갈시킬 필요가 없다. 이때는 규칙과 프로세스를 도입해야 한다. 이렇듯 개개인의 상식 차이로 인해 공감대를 형성하기 어려운 경우에 주어지는 자율은 혼란을 가중시킨다. 규칙과 프로세스를 마련해 모두의 판단 기준을 비슷하게 만들고 난 다음 자율성을 부여한다면 조직의 문화를 형성하는 데 더 도움이 된다.

단순한 규칙, 명확한 숫자

그렇다면 규칙을 어떻게 만들어야 할까? 규칙은 단순할수록 좋다. 가령, 재택근무 때 신청 가능한 물품을 항목별로 알려주는 것은 복잡하다. 대신 사용 가능한 예산을 제시한다거나 재택근무 때는 신청이 불가하다는 식의 단순한 방식으로 정리하라. 예외가 많아지면 기억하기 어려울 뿐더러 공정성에 다시 논란이 생길 수도 있다. 처음에는 복잡한 규칙보다는 단순한 규칙으로 시작해 회사의 사정과 구성원들의 의견에 따라 진화시키는 방식을 택하라.

이때 규칙을 단순히 서술하고 나열하기만 하면 규칙을 세우기까지의 과정과 고민은 금세 휘발되고 만다. 때문에 이를 제정하게 된 맥락과 이유를 잘 기록해 둬야 한다. 그래야 구성원들의 공감과 이해가 따를 것이고, 규칙을 지키려고 할 것이다.

아래는 명확하고 단순한 규칙으로 구성원들의 자율성을 강화한 다른 기업들의 사례다. 참고하며 우리 조직에 필요한 규칙은 무엇인지 생각해 보자.

사례 1 : 구글의 20% Rule

전체 업무시간의 20퍼센트를 본인이 주도하고 싶은 프로젝트에 자율적으로 쓸 수 있다. 즉, 5일 중 하루는 본인이 하고 싶은 일에 시간을 쓸 수 있는 파격적인 룰이다. 많이 알려진 것처럼 지메일, 애드센스, 행아웃(현재의 구글 미트) 같은 굵직한 서비스가 이 20퍼센트의 시간에서 탄생했다. 만약 명확하게 20퍼센트라는 숫자를 제시하지 않고, 업무시간에도 개인의 관심사에 참여할 수 있다는 정도의 룰이었다고 해보자. 누구는 업무 중 개인의 흥미에 치우친 프로젝트를 너무 많이 한다며 불만을 제기했을 수도 있다. 반면 눈치를 보며 100퍼센트로 업무를 하다가 개인 프로젝트에 시간을 못 써 사실상 이 규칙이 무용지물이 될 수도 있다. 이처럼 단순하고도 명확한 수치가 제시될 때 자율성을 확보하고 창의적인 아이디어를 도출할 수 있다.

사례 2 : 토스증권의 No meeting, no slack hour

이는 내가 토스증권에서 HRBP를 할 때 제안하고 실행했던 제도다. 이 규칙은 토스증권 유튜브 채널에서도 공개된 바 있다. 일주일 중 두 시간 동안은 미팅도 잡지 말고, 슬랙(메신저)도 하지 말자는 일종의 캠페인이었다. 너무나도 바쁜 환경 속에서 여러 미팅에 참석하다 보면 정작 내 일을 하기 어려운 경우가 많다. 이런 이유로 일이 쌓여만 가면 생산성이 저해된다고 생각했고, 이런 아이디어를 실행하기에 이르렀다. 수치적으로도 미팅과 슬랙이 명확하게 감소했고, 이로 인한 구성원들의 만족도도 높은 편이었다.

"이 시간이 되면 부담감이 적어지고 집중해야 할 일들을 몰아서 할 수 있어서 좋다. 무엇보다 이 제도 때문에 불필요한 미팅을 잡지 말아야 할 것 같다는 생각을 갖게 된 점도 좋다." (IR 담당자)

생산성을 높이는 약속,
팀의 그라운드룰

팀처럼 조금 더 작은 규모에서 이야기해 볼까 한다. 팀에는 규칙과 프로세스보다 '그라운드룰'이라는 표현이 조금 더 자연스럽다. 전자는 '반드시 이것을 지켜야 한다'는 데 방점이 찍혀있는 반면 후자는 '우리가 함께 잘 일하기 위해서 합의한 약속'에 가깝다. 규칙처럼 괜히 이미지가 딱딱하지 않고, 프로세스처럼 복잡하지도 않다. 그라운드룰은 회사의 핵심가치에 반하지 않게 잘 만들어지기만 한다면 팀의 생산성에 크게 기여한다.

모든 팀에는 암묵적인 그라운드룰이 존재한다. 알아서 눈치껏 지키는 것들이 바로 그것이다. 이런 그라운드룰을 굳이 명문화해야 하는지 의문이 들 수도 있다. 그러나 암묵지에는 생각보다 많은 단점이 있다.

- 새로 들어온 사람이 팀의 문화를 학습하는 데 오랜 시간이 걸린

다: 신규입사자는 암묵적인 그라운드룰을 배우기 위해서 주변 동료들에게 이에 대해 자주 물을 수밖에 없는데, 이는 비효율적이다.
- **오랜 시간 팀과 함께한 사람이 권력을 독식한다**: 팀에서 합의된 약속들의 맥락을 많이 알수록 해당 팀원의 권력이 더 강해진다. 이는 정당한 성과 및 직급에 의한 권력의 차이가 아니므로 부당하다.
- **신뢰자원을 약화시킨다**: 일하는 방식과 협업 프로토콜이 투명하지 않기 때문에, 아직 그라운드룰을 숙지하지 못한 사람은 자신이 실수를 저지를지 모른다는 막연한 불안감에 빠지게 된다.

따라서 중요한 그라운드룰이 있다면 가급적 명확하고 단순하게 문서화해 정리하기를 추천한다. 회의 외에도 신규입사자에 대한 업무 위임 속도 및 업무 위임 시기, 팀원 간의 갈등 해결 방법, 퇴근 후 메신저를 보내고 응답하는 문제 등 팀원들이 스트레스를 많이 받는 구간들이 있다. 이 외에 중요하지 않은 것들은 모두 자율에 맡겨라. 팀원들은 합의와 명시된 약속을 기반으로 자신의 일에만 집중하면 되는 환경을 제공받을 수 있다.

생산적인 회의를 위한 레퍼런스

그라운드룰이 필요한 대표적인 순간은 회의다. 직장인은 하루의 많은 시간을 회의에 쓴다. 의사결정이 일어날 뿐, 실제 업무를 진행하는 시간은 아니다. 그만큼 업무의 성과를 만들어내는 데 간접적인 시간이기에, 더 똑똑하고 효율적으로 진행해야 할 필요가 있다.

회의의 생산성을 결정하는 요인으로는 참여 인원 수, 주요 의사결정자의 참여 여부, 개최 목적의 명확함 정도와 결정 사항의 준비 여부, 사전 검토 자료의 유무, 진행 시간, 기록 정리 등이 있다. 물론 모든 요소를 다 신경 쓸 수는 없을 것이다. 예컨대 어떤 회의에서는 미리 자료를 준비하기 어려울 수도 있다. 하지만 함께 잘 일하기 위해서 합의한 약속인 만큼 최대한 지키자는 공감대를 마련하는 것이 핵심이다. 다음은 앞에서 말한 요소들에 대해 그라운드룰 예시를 작성해 본 것이다. 이를 통한 기대효과도 함께 확인해 보자.

회의를 위한 팀의 그라운드룰 예시

회의 참여 인원 수 : 참여자는 여섯 명이 넘지 않도록 한다.

회의에 참관하기 위해서 참석하는 경우도 있다. 하지만 이는 회의실의 분위기를 경직시키고 어색해지게 만든다. 발화할 때, 자신에게 향하는 눈이 여덟 개인 것과 스무 개인 것은 너무나 다르다.

따라서 참관만 할 사람은 회의실에 들어오지 않는 편이 나으며, 차라리 회의록을 마련해 추후 전달하는 것이 좋다.

주요 의사결정자 참여 여부 : 의사결정 권한이 있는 사람이 반드시 참석한다.

최종 의사결정자가 회의 자리에 있어야 한다. 그럴 수 없을 때는 차상위자라도 참석하는 것을 추천한다. 보고 라인을 많이 거치고 올라갈수록 회의의 과정과 결과가 제대로 전달되지 않을 가능성이 크기 때문이다.

개최 목적과 결정 사항의 명확함 : 공지 글에 회의 목적과 결정 사항을 세 줄로 명시한다.

일단 모여서 이야기하자는 말은 모여서 떠들자는 말과 다를 바 없다. 회의실에 여덟 명이 모여 30분간 회의를 한다면, 우리 팀의 240분을 낭비하게 되는 셈이다. 모두의 시간을 아끼기 위해서는 사전에 회의의 목적과 결정이 필요한 사항을 명시하고, 각자 생각을 정리해 올 수 있도록 해야 한다.

사전 검토 자료 : 결정에 중요한 PPT 자료 세 장을 첨부하고 미리 읽어서 온다.

효과적인 의사결정을 위해서 먼저 알아야 할 고려사항과 정보들을 일목요연하게 정리해 회의 전에 공유한다. 이때 참석자들이 미리 자료를 읽어 오는 것이 더 중요하다. 회의 자리에서 자료를 확인하면 정보처리가 더딜 뿐더러, 대충 읽고 낮은 퀄리티의 의견을 낼 수밖에 없어 의사결정에 도움이 되지 않는다.

회의 시간 : 모든 회의는 30분 안에 끝낸다.

회의 시간이 길다고 해서 더 많은 사항이 결정되지는 않는다. 회의는 효율적으로 진행하고, 실제 업무시간을 늘리자.

회의 정리 : 주최자가 회의 내용을 정리해 캘린더에 기록해 둔다.

많은 업무를 진행하다 보면 잊어버리는 것이 많다. 회의에서 결정한 사항들을 잘 기록해 두고, 그다음 회의에서 중복된 논의가 없도록 하자.

회의 룰이 까다롭기로 유명한 아마존의 사례를 한 번쯤 들어본 적이 있을 것이다. 제프 베이조스는 신뢰보다는 시스템을 기반으로 조직을 운영하는 데 더 가치를 부여하는 창업자로 알려져 있다. 아마존의 회의 룰은 속도나 개인의 독립적인 의사결정권을 중요시하는 문화의 조직에는 어울리지 않을 수 있다. 따라서 이런 레퍼런스가 우리 회사 혹은 팀의 문화와 잘 맞는지 고심한 후 도입을 결정해야 한다. 하지만 많은 시간을 차지하는 회의의 효율성을 매우 높이고 있다는 점에서 배울 점은 분명하기에 조명해 본다.

아마존의 회의 룰

파워포인트 금지

아마존은 서술형 문서를 선호한다. 이를 통해 깊이 있는 사고와 명확한 의사소통을 촉진하고자 한다. 회의 시작 시 참석자들은 준비된 문서를 약 30분간 조용히 읽은 후 토론을 진행한다.

6 Pager / 1 Pager

중요한 회의에서는 최대 여섯 장 분량의 문서를 작성한다. 문제의 배경, 제안 사항, 데이터 분석 등의 내용이 반드시 포함돼야 한다. 주제가 간단하거나 빠른 의사결정이 필요하다면 핵심내용을 한 페이지로 요약한 문서를 사용한다.

회의 목적의 명확화

회의를 시작하기 전 목적을 명확히 제시한다. 회의가 정보 전달, 의사결정, 아이디어 도출 등 어떤 목적을 지니는지에 따라 진행 방식을 달리하고, 불필요한 회의를 지양한다.

피자 두 판의 법칙

회의 참석자 수는 피자 두 판(약 16조각)을 함께 먹을 수 있는 정도인 다섯 명에서 열 명 사이로 제한한다.

역할이 분명할 때
우선순위가 보인다

처음 문화담당자, 즉 컬처 에반젤리스트 역할을 수행하면서 가장 고군분투했던 문제는 '무엇을 잘해야 하는지를 규정하는 것'이었다. 나는 구조적이고 숫자 중심적인 사고를 좋아한다. 하지만 그 당시에는 조직문화라는 영역에서 그런 식으로 사고하기가 어렵다고 생각했고(지금은 생각이 다르지만 말이다), 비즈니스에 영향을 미치는 문화가 무엇인지 답을 찾는 데 오랜 시간이 걸렸기 때문에 우선순위를 판단하기가 어려웠다.

지금 돌이켜 생각해 보면 나의 진정한 역할을 규정하는 과정이었다. 코딩과 분석으로 명확한 아웃풋이 나오는 직무를 제외한 다른 직무에 속해있는 사람들도 과거의 나와 비슷한 고민을 하고 있으리라 생각한다. 개인의 역할이 분명할 때 일에 우선순위를 세울 수 있고 중요한 일에 더욱 집중해 성과를 기대할 수 있다. 개인의 역할을 넘어 팀의 역할도 분명해야 하는 까닭이다. 역할을 설계하지 않고 무조건적으로 평가를 먼저 하려고 한다면 효과적인 운영이 불가능할 것이다.

짬뽕식 직무설계를 경계하라

채용공고를 보면 '본인의 역할에 국한되지 않고 남의 업무도 내 업무처럼 열심히 하는 사람'에 대한 이야기가 자주 등장한다. 그러면서 역할은 개인이 설계하고 확장해 나가야 한다고 말한다. 이는 반만 맞는 말이다.

회사가 사업을 할 때 사람을 필요로 하는 이유는 역할을 위임하기 위해서다. 사람을 뽑아서 원래는 창업자가 해야 할 역할들을 그들에게 위임하는 것이다. 때문에 누군가를 뽑는다면 그에게 부여할 역할이 이미 명확히 정해져 있는 상황이어야 한다. '일단 출근하면 그 사람이 알아서 해주겠지'라거나, '이것도 시키고 저것도 시켜야지' 하는 식의 접근은 금물이다. 기본적인 역할이 명확할 때만 비로소 역할의 확장을 기대할 수 있다.

내가 HR 업무를 하면서 제일 막으려고 했던 것 중 하나가 짬뽕식 직무설계다. 어떤 업무를 하나만 맡기자니 그 볼륨이 조금 적은 것 같아, 비슷한 볼륨의 직무를 한두 개씩 더 붙이다 보면 팀원의 역할을 짬뽕식으로 설계하고 싶은 유혹에 빠지게 된다. 자원의 분배 관점에서는 효율적인 선택일 수도 있다. 하지만 이런 경우 무엇을 잘했을 때 그 역할을 성공적으로 해냈다고 볼 수 있을지 평가하기가 막막하다. 팀원의 입장에서도 하루에 여러 가지 업무를 그저 쳐내는 것에만 몰두할 수 있을 뿐, 개인의 질적 성장을 느끼기 어렵다. 사례를 하나 들어보자.

IT Manager

- 직무1 : 사내 네트워크 관리
- 직무2 : 노트북 등의 자산 관리
- 직무3 : 사내 메신저 등 소프트웨어 라이선스 관리
- 직무4 : …
- 직무5 : …

이런 식으로 IT와 관련 있는 모든 직무를 한 사람의 역할에 쏟아놓는 것이 바로 짬뽕식 직무설계다. 자금이 부족한 스타트업이나 중소기업은 한 명을 채용해서 여러 가지의 일을 바랄 수 밖에 없다는 것을 이해한다. 하지만 현실에서는 IT 매니저가 직무1과 직무3을 기대하고 들어왔음에도, 직무2에 가장 많은 시간을 할애하는 일이 펼쳐진다. 자신에 대한 효능감이 떨어지기 십상이다. 애초에 이렇게 직무 설계를 하지 않는 것이 제일 좋다.

그럼에도 어쩔 수 없는 상황이라면, 개인 직무의 우선순위를 꼭 짚어줘야 한다. 예컨대 '직무1과 직무3이 가장 중요하다. 그래서 여기에 업무시간의 60퍼센트 이상을 써주면 좋겠다. 하지만 다른

직무를 소화하는 데 현실적으로 더 많은 시간이 든다면 이야기해 주기를 바란다. 그때 계약직이나 아르바이트 채용 여부를 결정해 보면 좋을 것이다' 하는 식으로 말이다. 이때 팀원의 주된 역할이 무엇인지 꼭 인지시키는 것을 명심하자. 주된 역할을 규정하지 않은 상태에서 역할 확장만을 강조한다면 오히려 본인이 흥미를 느끼는 지점에만 시간을 많이 쓰는 등 되돌릴 수 없는 인력과 시간의 낭비를 경험하게 될 확률이 높다.

팀의 역할을 정의하라

비즈니스는 고객으로부터 출발한다. 고객이 있기에 서비스를 제공할 수 있다. 이때 고객은 내외부에 모두 존재한다. 외부고객은 소비자나 거래처일 것이고, 내부고객은 다른 부서일 것이다. 고객들이 우리에게 무엇을 바라고, 우리는 무엇을 줄 것인지를 문장으로 정리하면 그것이 바로 팀의 역할이 된다.

리더는 주로 높은 위치에서 조망하는 역할을 수행하기 때문에, 팀의 역할이 무엇인지 명확하게 알고 있다. 그러나 팀원들은 개인의 역할에 국한된 나머지 팀의 역할을 잊기 쉽다. 때문에 팀의 역할을 규정해 다음과 같이 팀원들과 공유해 보는 일은 매우 중요하다. 다음은 세일즈팀의 역할을 표로 정리해 본 예시다.

구분	대상	우리 팀에 기대하는 것	우리 팀이 줘야 하는 것
외부 고객 1	잠재 고객	우리 솔루션의 장점, 신뢰할 수 있는 정보 취급, 간편한 도입 과정	고객 관점에서 이해할 수 있는 가치 설계, 명쾌한 소통
외부 고객 2	기존 고객	지속적인 혜택, 문제 없는 사용 경험, 업그레이드	혜택의 확보와 빠른 전파, 문제 발생 시 일원화된 창구
내부 고객	CS팀	고객의 맥락, 성향, 계약 사항 등의 명확한 공유	고객의 정보를 투명하게 공유
역할 정의		세일즈 조직은 단순 수주를 넘어서 고객의 경험 전체를 설계하는 출발점이다. 잠재고객에게는 명쾌한 소통을, 기존고객에게는 신뢰와 빠른 문제 해결을, 내부고객인 CS팀에게는 투명한 공유를 제공해 역할을 달성한다.	

무엇을 배웠고
무엇을 개선할 것인가

다음 장에서도 서술하겠지만, 잘 설정된 목표는 조직을 성장시키고 시장에서 승리하는 데 중요한 요소가 된다. 목표가 없는 팀은 없다. 그러나 목표를 구체적으로 회고하는 팀을 찾기는 어렵다. 우선 회고Retrospective라는 개념이 우리나라에서 익숙하지가 않다. '소 잃고 외양간 고친다'는 말을 생각해 보자. 이미 일어난 일은 어쩔 수 없다는 전제가 내포돼 있다.

그러나 소를 잃고 외양간을 잘 고쳐야 다음에 소를 또 잃지 않을 수 있다. 이것이 바로 회고의 목적이다. 프로젝트를 진행하면서 무엇을 잘했고, 무엇을 좀 더 잘했어야 했는지를 솔직하게 이야기하는 과정이다. 다행히 최근 여러 조직에서 회고가 중요하게 여겨지기 시작했다.

업무를 진행할 때 잘된 일과 잘되지 않은 일을 가리지 않고 모두 회고하려고 노력했던 적이 내게도 있었다. 그래야 다음에 무엇을 달리할 수 있는지 정리할 수 있기 때문이다. 하지만 어떤 회고 글들은 나중에 다시 읽어보면, 그 과정에서 무엇을 얻었고, 앞으로 무엇을 다르게 해야 하는지 잘 파악되지 않는 경우가 있었다. 어쩌면 새벽 감성에 취해 회고를 시도한다는 행위 자체가 훌륭하다고 착각했는지도 모르겠다. 개인의 회고도 그렇지만, 팀의 회고도 감성에 취하거나 서로를 위로하는 행위에 그쳐서는 안 된다.

팀 차원에서 회고하는 법: L+KPT

매우 구체적이고, 주기적이며, 실용적인 회고법을 소개한다. 회고의 방법은 다양하지만, 그럼에도 가장 유명한 것을 고르라면 KPT 회고일 것이다. KPT는 Keep(계속 유지할 것)+Problem(개선하거나 해결하고 싶은 것)+Try(시도해 볼 것)의 구성으로, 다음에는 무엇을 다르게 시도할 것인지에 목적이 맞춰진 실전적 방법이다. 나는 여기에 'Learned(무엇을 배웠는가)'를 추가하기를 제안한다. KPT는 모두 무언가를 배웠다는 것을 전제하기도 하고, 결과보다 과정에 좀 더 초점을 맞추고 있기에 이는 유효한 질문이다.

　이번 분기의 목표를 달성하는 과정에서 무엇을 배웠고(Learned), 다음에 무엇을 유지할 것이고(Keep), 무엇을 개선할 것이고(Problem), 무엇을 시도해 볼지(Try)를 목표, 의사결정, 실행, 팀워크 측면으로 나눠서 생각해 본다.

	Learned (무엇을 배웠는가)	Keep (무엇을 유지할 것인가)	Problem (무엇을 개선할 것인가)	Try (무엇을 시도할 것인가)
목표				
의사결정				
실행				
팀워크				

이와 같은 회고 과정이 끝난 후 다음 분기의 목표를 설정해야만 비로소 제대로 외양간을 고칠 수 있을 것이며, 다시 소를 잃을 확률이 낮아진다. 이 방법을 사용해 팀 차원에서 다같이 회고하려면 다음의 방법을 추천한다. 실제로 문화담당자로 일할 때 몇 팀의 회고를 이 방식대로 도와준 적이 있었다.

1. 각자 위의 표를 따라 회고를 진행해 오도록 안내한다.
2. 모두 모여 화이트보드에 위의 표를 그린다.
3. 각자가 생각해 온 것을 포스트잇에 간단히 정리해서 화이트보드에 붙이고, 비슷한 것끼리 그룹화한다.

4. 서로 돌아가면서 자신의 생각을 간략히 공유한다.
5. 팀원들이 생각하기에 가장 중요한 그룹 세 개에 스티커를 붙이도록 한다.
6. 리더는 5번의 의견을 포함해 다음 분기에 다르게 시도해 볼 영역 세 가지를 추출하고 팀에게 공유한다.

감정 소모가 없는
명확한 피드백의 구조

직장 내 괴롭힘이 주기적으로 사회의 큰 화두가 되고 있다. 특히 상사의 업무 지시가 불합리했다거나, 모욕적인 발언을 들었다는 정황이 판단에 반영되면서 리더들의 매니징을 어렵게 만들고 있다. 'Global Leadership Forecast 2025'에 따르면 직속상관에 대한 신뢰도가 2022년 46퍼센트에서 2024년 29퍼센트로 급락했다. 경제 불안으로 고용 안정성이 떨어지거나 복잡성이 증가한 데서 그 원인이 추측된다. 여러 조사 결과들을 봤을 때 그만큼 리더가 구성원을 편하게 다루기 점점 어려운 상황으로 변모하고 있음이 엿보인다. 그러다 보니 명확하게 피드백을 줘야 하는 상황임에도, 이를 회피하는 리더가 많아지고 있다. 피드백이 충분하지 않아 개인의 성과는 물론 팀의 성과도 점점 떨어지는 현상이 비일비재해진다. 이와 같은 어려움을 겪는 리더들은 특히 MZ세대 팀원들을 다루기가 어렵다고 호소한다.

그러나 2023년 엠브레인 트렌드모니터가 직장인 1,000명을 대상으로 한 설문조사의 결과는 놀라웠다. 업무 피드백을 구체적으로 받기를 원하냐는 질문에 '예'라고 대답한 20대가 53.6퍼센트, 30대가 52.4퍼센트, 40대가 45.2퍼센트, 50대가 33.5퍼센트로, 젊은 세대일수록 높은 수치가 나왔다. 20대와 30대의 절반 이상이 업무에 대한 구체적인 피드백을 원하고 있다. 더불어 전체 모수의 84.1퍼센트가 적절하고 명확한 피드백을 주는 직장 상사를 원했다. 이런 동상이몽의 상황에서 리더는 구성원에게 어떻게 피드백을 줘야 할까?

SBI모델: 상황, 행동, 영향을 기억하라

그동안 피드백에 관한 많은 주장과 이론이 있었다. 공통적인 내용은 피드백의 내용이 명확하고 구체적이어야 한다는 점이다. '내 피드백이 꼰대같이 느껴지지 않을까, 주제넘지 않을까' 하는 생각은 하지 않아도 좋다. 상대의 성장을 위한다는 전제가 명확하다면, 충분히 좋은 피드백을 제공할 수 있다. 또한 피드백은 적시에 제공돼야 한다. 교정할 수 있는 적절한 시간을 놓치지 않기 위함이다. 피드백을 언제 줘야 하나 너무 고민할 필요는 없다. 원온원이 예정돼 있다면 그때 해도 되고, 따로 미팅을 잡아서 전달해도 된다. '적시'는 너무 늦지만 않으면 된다는 말이기도 하다.

가장 중요한 것은 피드백의 구체성이다. 좋은 피드백의 구조는 상황Situation, 행동Behavior, 영향Impact으로 돼있다. 앞 글자만 따서 'SBI 모델'이라고 부른다. 이런 상황에서, 당신의 이런 행동이, 이런 영향을 가져왔다고 전달하는 방식이다. 이에 더해 어떤 식으로 변화했으면 좋겠는지까지 말해준다면 더욱 좋다. SBI모델은 성과 중심의 피드백 모델로 잘 알려져 있고, 무엇보다 금융사의 이름과 같아 외우기 쉬워 많은 리더에게 추천하고 있다.

피드백을 전달하면서 이를 받아들이는 사람의 마음을 많이 고려할 필요는 없다. 폭언, 비교 등의 전달 방식을 쓰지만 않는다면 해야 할 말을 잘 전달하는 것만으로도 성공이다. 어떤 사람들은 구성원의 성장까지 일어나야 피드백이라고 하지만, 그것은 틀린 말이다. 리더가 피드백을 아무리 주더라도 그것을 받아들여 성장하고 말고는 받는 사람의 몫이다. 우리가 상대를 얼마만큼 위하느냐에 따라서 피드백의 정성이 달라질 수는 있어도, 그것이 그 사람의 성장을 담보하지는 못한다.

나도 피드백을 어떻게 해야 할지 수천 번은 고민했던 것 같다. 아무래도 조직문화 담당자이다 보니 피드백의 요소를 완벽하게 갖춰야 한다는 강박이 있었다. 그래서 나보다 나이가 많은 사람에게, 관리자에게, 대표에게 어떻게 피드백을 해야 할지 밤새 메모장에 작성했다 지우기를 반복했다. 어떨 때는 감정을 쏙 빼고 건조한 말투를 쓰기도 했고, 어떨 때는 상대를 이해하고 공감한다는 점을 내세우기도 했다. 피드백 때문에 사이가 멀어진 동료들도 있다. 내가 미숙했던 탓도 있을 것이고, 상대가 받아들이기 어려웠던 탓도 있을 것이다. 주로 나보다 연차가 많은 사람에게 피드백을 줄 때 어려움이 더 극심했다. 주눅이 들기도 했고 상대방이 불편했기 때문이다. 하지만 과정 속에서 상대에 대한 생각을 명확하게 정리해 볼 수 있었고, 관계의 어려움으로 인한 마음의 짐을 덜어내는 방법도 알게 됐다. 최선의 방법은 피드백을 명확하게 정리하는 것, 그리고 적시에 제공하는 것. 그것이 전부다. 이로 인해 상대와 관계가 멀어진다 해도 이는 내가 통제할 수 없는 부분이며, 특히나 리더라면 더더욱 이런 마인드셋을 갖고 피드백을 줘야만 한다.

미국의 피드백 문화를 한국에 적용할 수 있는가?

'완전한 솔직함 Radical candor'이라는 개념을 들어본 적이 있는가? 우리나라에서는 《실리콘밸리의 팀장들》을 통해 널리 알려졌다. 피드백을 줄 때 직접적으로 대립하고 Challenge directly, 개인의 상황에 관심을 기울인다는 Care personally 두 가지 원칙을 지키는 실리콘밸리 기업들의 철학을 소개한 책이다. '좋은 피드백'을 구조화해 설명한다는 점에서 인상적인 개념이며, 나 또한 개인적으로 이런 철학을 팀에 적용하고자 노력했다. 하지만 한국에서 이 개념을 완전히 이해시키고 적용하기에는 어려움이 있다.

개인의 상황을 고려하기 어렵다

한국에서 누군가를 '케어한다'고 하면 보통 사적인 관심, 심정적 이해로 받아들여진다. 그러다 보니 개개인의 상황을 고려하며 업무적으로 존중하라는 원래의 의도는 인간적 친분으로 전환된다. 게다가 이런 식으로 친분이 전제된 사이에 피드백을 주면 상대가 배신감을 느끼며 관계가 곤란해지는 경우도 있다. 공과 사를 구별해야 하지만 말처럼 쉽지가 않다.

직설적인 표현과 무례함을 구분하기 어렵다

한국 사회에서는 직설적 표현 자체가 여전히 무례함이나 적대감으로 읽히는 경우가 많다. 수평적인 문화에도 결국에는 역할 간의 위계가 있으므로, 리더가 비판적으로 피드백을 줬을 때 구성원이 스스로 부정당했다고 느끼며 자존감을 훼손당하거나 심리적 거리를 두는 경우도 비일비재하다. 또한 미국과 달리 한국은 채용시장이 매우 좁아서, 이렇게 관계가 틀어졌다가 다른 곳에서 만나게 될까 봐 곤란한 경우도 있다. 평판에 대한 우려도 생기게 된다.

이런 이유로 나는 완전한 솔직함이라는 개념이 배울 것은 많지만, 우리나라에서 100퍼센트 적용하기는 어렵다는 것을 체득했다. 그렇다면 어떻게 적용해야 할까?

적용법 1: 피드백은 성장의 목적으로만 제공한다

상대에게 피드백을 왜 주고 싶은지 마음속으로 정리해 보라. 상대의 성장에 도움이 되기를 바라는 마음이 맞는지, 그저 상대의 업무 스타일이 단순히 자신과 달라 마음에 들지 않은 것은 아닌지 정리해 보라. SBI모델에 따라 피드백을 작성하면 사리분별이 쉽다.

적용법 2: 샌드위치 피드백을 피하라

피드백을 건네기 전, 상대에게 상처를 줄까 봐 괜히 앞뒤로 좋은 말을 하고, 중간에 피드백을 넣는 경우가 있다.

"이번에 김 사원이 열심히 노력해서 정말 보기 좋았어요. 밤 늦게까지 매일 남아서 일하느라 수고했어요. 그런데 이번에 발표할 때 있잖아요. 준비가 덜 된 느낌을 받았어요. 시선 처리가 좀 아쉬웠달까. 그런데 워낙 준비하느라 피곤해서 그랬을 수는 있을 것 같아요. 또 생각해 보면 큰일은 아닌 것 같기도 하고요…."

당신의 마음은 편할 수 있어도 피드백의 효과는 좋지 않다. 듣는 사람은 그래서 잘했다는 뜻인지 아니라는 뜻인지 판단하기 어렵고, 무엇을 개선해 달라는 말이었는지 기억도 잘 안 난다. 때문에 하나의 대화에서는 하나의 피드백만 주겠다고 다짐하라. 이때도 역시 SBI모델에 따라서 피드백을 서면으로 준비하되, 이 시간에는 미사여구를 붙이지 말고 준비한 내용을 담백하게 이야기하라.

For 팀장

오늘도 확신이 없는 리더에게

'리더는 완벽해야 하며, 구성원들에게 존경받아야 한다.' 이런 생각은 리더의 도전을 제한하고는 한다. 리더는 절대 완벽할 수 없다. 하지만 그 누구보다도 넓은 시야로 팀을 바라보며 무엇이 필요한지를 캐치할 수 있는 위치에 있다. 그러므로 되는 것과 안 되는 것을 잘 구분 지어 조직이 불필요한 곳에 자원을 쓰지 않도록 해야 한다. 자신이 만든 규칙과 그라운드룰이 혹여나 잘못됐을까 봐 두려운가? 자기확신에 가득 찬 모습을 일관되게 보여주고 싶은데 자신의 결정이 잘못됐을까 봐 부끄러운가? 스스로가 완벽주의의 한계에 갇혀있지는 않은지 돌아보라.

완벽함은 정답을 맞추는 데서 오지 않는다. 오히려 자신이 아는 데까지 명확하게 규칙화하고, 그것을 구성원에게 제안하며, 모르는 것은 쿨하게 인정할 때 리더의 아우라가 강하게 발현된다. 오늘 하루 동안 자기확신이 부족해 팀을 잘 이끌지 못했다고 생각한다면 자신이 생각하는 최소한의 기준으로 돌아가자. '남을 존중한다', '반드시 존댓말을 쓴다' 같이 기본적인 규칙으로 명확함의 아우라를 보여주는 리더가 돼보자.

핵심 Pick

- **상식의 차이로 인해 비효율이 발생하지 않도록 규칙과 프로세스를 만들어라.**

- **팀의 생산성에 기여하는 그라운드룰을 명문화하라.**

- **구성원을 평가하기 전에 그에게 적절한 역할이 명확하게 주어졌는지 체크하라.**

- **팀의 구체적인 역할에 대해서 팀원들과 논의하고 합의하라.**

- **L+KPT 방법으로 목표 달성 여부를 회고하라.**

- **피드백은 SBI 구조에 맞춰서 하되, 상대의 성장을 목적으로 피드백을 주고 있는지 체크하라.**

5 **고유함**

**유행하는 문화에
편승하지 마라**

조직문화에도
유행이 있다

나는 MZ세대에 속하지만 유행에 빠삭하지는 못하다. 링크드인을 제외하고는 SNS를 거의 안 하는 탓도 있지만, 짧은 시간 안에 소비기한이 종료되는 유행을 따라가는 느낌이 싫기 때문이다. 쇼핑을 좋아하지만 유행하는 브랜드나 스타일도 본능적으로 피하게 된다. 유행이 끝나면 값어치가 떨어질뿐더러 그다음 유행도 쫓아가야 한다는 심리적 강박이 생기기 때문이다.

조직문화에도 유행이 있다. 그 주기는 대략 5~10년 정도 된다. 내가 커리어를 시작할 무렵에는 스포티파이의 애자일 문화, 넷플릭스의 자율과 책임 문화, 구글의 심리적 안전감(아리스토텔레스 프로젝트)이 유행이었다. 주로 시가총액이 높은 IT 기업들이 유행을 선도했다고 해도 과언이 아니다. 몇 년 전에는 테슬라의 신규입사자 안티 핸드북이 공개되며 뜨거운 반응을 이끌었다. 그러다가 최근에는 수평과 수직, 자율과 관리, 복지와 높은 연봉 사이에서 기업들이 각자의 방식을 추구하는 춘추전국시대에 돌입한 것 같은 느낌이다.

업계를 뒤흔든 조직문화들

스포티파이의 애자일 문화

급격히 성장하는 조직에서 유연한 협업과 빠른 제품 출시를 보장하기 위해 스포티파이는 애자일 방식을 조직 구조에 접목했다. 목표는 부서 간 의존성을 줄이고, 자율적인 소규모 팀들이 독립적으로 빠르게 업무를 실행하도록 하는 것이었다. '스쿼드'라는 이름의 미니 스타트업들이 각자의 미션을 맡아 전방에서 실험하고, 실패를 자산으로 삼아 역동적으로 움직이는 것이 문화의 핵심이다.

넷플릭스의 자율과 책임 문화

초기 스타트업에서 대기업으로 빠르게 성장하면서 복잡한 프로세스를 따르는 대신 고성과자를 중심으로 운영 효율을 극대화할 필요가 있었다. 유연한 환경에서 최고의 인재가 자율적으로 일하면서도 강한 성과 압박을 견디도록 만들기 위함이었다. 휴가 규정도 없고, 예산도 위임하지만, 목표한 성과에 미달되면 아무리 오래 함께한 동료라도 주저 없이 내보내는 매정하지만 명확한 문화가 핵심이다.

구글의 심리적 안전감

구글은 2012년 '최고의 팀은 무엇이 다를까?'라는 질문에 답하기 위해 내부 연구(아리스토텔레스 프로젝트)를 시작했다. 회사 내부에 조직심리학자, 행동과학자 등 전문가들을 초빙했고 전문적인 분석을 진행했다. 학력, AI 활용 능력, 팀원 간 유대감을 가설로 세웠지만 모두 틀렸다. 사회심리학적인 분석 방법으로 연구 방향을 튼 순간, 다섯 가지 조직문화 요소가 중요하다는 사실을 알게 됐고, 그중 단연 1등은 심리적 안전감이었다. 결국은 누구도 눈치 보지 않고 아닌 것은 아니라고 말할 수 있는, 심지어 실수조차 배움으로 환영받는 심리적 안점감이 팀을 강하게 만든다는 것이 핵심이다. 참고로 나머지 네 가지는 팀원들이 약속을 지키고 맡은 역할을 책임감 있게 수행하는가, 팀의 목표와 역할이 명확한가, 자신의 일이 가치 있는가, 사회에 긍정적인 영향을 미치는가로 나타났다.

테슬라의 안티-핸드북

2021년 테슬라 신규입사자에게 주어지는 네 페이지짜리 문서가 유출됐다. 이는 기존의 온보딩 가이드북과는 매우 달랐다. 오히려 문화 선언문에 더 가까웠다. 이를 소개하고자 직접 발췌하고 번역해 내가 생각하는 소주제로 묶었다. 시간이 허락한다면 전문을 읽어보기를 추천한다.

테슬라의 안티-핸드북

1. 조직의 미션

우리는 테슬라입니다. 우리는 세상을 바꾸고 있으며 모든 것을 다시 생각하고자 합니다. 우리는 다른 모든 하이테크 회사와는 다른 하이테크 회사입니다. 우리는 다른 모든 자동차 회사와는 다른 자동차 회사입니다.

2. 우리가 지향하는 성공의 정의

당신에게 기대되는 것이 무엇인지 이해하는 일은 당신의 책임입니다. 당신의 상사는 당신에게 책임과 기대에 대해 설명해야 하지만, 명확하지 않은 경우 언제든 물어보십시오. "아무도 내게 말해주지 않았다"라는 변명이 이곳에서는 통하지 않습니다.

당신을 비롯해 모든 사람의 가장 중요한 임무는 이 회사를 성공시키는 것입니다. 우리의 일을 개선할 기회가 보인다면, 그것이 당신의 책임 범위를 벗어났더라도 목소리를 내십시오. 당신은 테슬라의 성공에 개인적인 이해관계가 있으므로 제안하고 아이디어를 공유하십시오. 아무리 좋은 아이디어라도 공유하지 않으면 아무 의미가 없습니다.

3. 우리가 선택한 문화 형태의 특징

우리는 팀에 합류하는 모든 사람에게 많은 신뢰와 책임을 부여합니다. 우리는 모든 사람이 옳은 일을 할 것이라고 가정하며, 여기에는 당신도 포함됩니다. 어떤 사람들은 신뢰를 배반하거나 책임을 무시하기도 했습니다. 하지만, 우리는 우리의 접근방식을 소수 때문에 바꾸지 않습니다. 대신, 그들을 떠나보냅니다.

4. 우리가 지향하는 인재상

우리는 매우 높은 기준을 갖고 있으며, 매일 최고의 수준에서 자신을 밀어붙이기를 즐기는 예외적인 사람들을 고용하기를 원합니다. 우리는 옳은 일을 하고, 아무도 보지 않을 때도 정직하게 행동하는 사람들과 함께하고 싶습니다.

5. 우리가 함께 이겨낼 챌린지

당신과 당신의 상사는 직무 성과와 목표를 비공식적으로, 일상적으로 논의해야 합니다. 피드백이나 조언이 필요하다면 스스로 나서서 요청하십시오. 상사가 먼저 대화를 시작하거나 회사가 정한 리뷰 과정을 기다리지 말고, 높은 수준에서 일하기 위해 필요한 피드백을 요청하십시오.

긍정적인 근무환경을 제공하고, 사람들을 각자의 개별성에 맞게 대우하고 싶습니다. 문제가 있다면, 이를 평가하고 해결할 수 있는 사람과 자유롭고 개방적으로 이야기하십시오. 누구와 이야기해야 할지 모르겠다면, 인사팀에 연락하십시오. 우리는 항상 건강하고, 충족감 주며, 생산적이고 우호적인 직장을 제공하기 위해 최선을 다할 것입니다.

고유함이 조직의 대응력을 결정한다

조직문화의 유행을 바라보는 나의 시선은 옷의 유행을 바라볼 때와 마찬가지다. 유행을 좇으면 쓸데없이 회사의 예산을 더 사용하게 되며, 벤치마킹하는 다른 회사들과 끊임없이 비교하게 된다. 조직문화의 유행은 거대한 매크로 환경이 변할 때마다 급격히 변화를 맞이한다. 이때 우리 회사만의 고유한 문화를 진정으로 규정하고 추구했는가 아닌가에 따라서 조직의 대응력에는 큰 차이가 난다. 고유성을 중요하게 여겼다면 대외 환경이 변화할 때 문화를 그에 맞게 유연하게 바꾸기 쉽다. 그러나 회사의 고유한 문화 없이 타 조직의 문화를 맹목적으로 좇아왔다면 벤치마킹하는 회사들이 어떻게 대응하는지를 기다리는 수밖에 없다. 대응에 한발 늦을 뿐더러, 내부적으로 문화를 변화시키고 관리해야 하는 골든타임을 놓칠 수도 있다.

작은 팀을 이끄는 리더도 마찬가지다. 리더십 유형뿐만이 아니라, 피드백 방식, 팀원 간의 심리적 안전감에 대한 정답은 외부에서 찾을 것이 아니라 내부에서 찾아야 한다. 그러려면 지금 당장 함께 하고 있는 팀원들에게 약간은 미안할지라도 자신의 리더십 스타일을 조금씩 바꿔가면서 고유함을 찾아야 한다. 이번 장에서는 조직문화에서 고유함을 마련해야만 하는 네 가지 영역을 중점적으로 살펴볼 것이다.

- **어디까지 위임할 것인가**: 조직은 역할의 집합이다. 각 역할들에게 어떤 권한을 어디까지 위임할 것인가는 팀의 속도, 문제 해결력 등과 직결돼 있다.
- **실패를 어디까지 용인할 것인가**: 개인은 무수히 많은 실패를 겪게 된다. 이럴 때 어떤 종류, 어느 정도의 실패까지 허용하느냐는 업과 성공 지향점에 따라 매우 다르다.
- **목표를 어떻게 세울 것인가**: 목표 없는 회사는 없다. 하지만 목표를 어떻게 세우고 달성할지에 대한 모습은 모두 다르다.
- **동료 간 피드백을 장려할 것인가**: 리더는 구성원들에게 성장을 위한 피드백을 제공한다. 하지만 동료 간 피드백을 활성화할 때는 그 장단점을 미리 알고, 이 문화가 우리 문화에 어울리는지를 먼저 판단해야 한다.

어디까지
위임할 것인가

대부분의 비즈니스는 눈앞에 보이는 문제 혹은 아직 충족되지 않은 잠재 니즈를 찾아 솔루션을 제공한다. 여러분의 팀에서는 이런 솔루션을 주로 누가 찾아내고 제안하는가? 만약 팀원 간 구분 없이 누구나 솔루션을 제안하고 있다면 대단히 수평적인 팀일 확률이 높다. 솔루션을 생각해 내고 가설을 설정했다면, 이제 우리에게 남은 것은 의사결정과 실행이다. 결정과 실행의 권한은 누가 갖고 있는가? 만약 누구나 결정하고 실행도 할 수 있다면 감히 최고로 수평적인 팀이라 할 수 있다. 이렇듯 팀원에게 '권한'을 어느 정도로 위임할 것인지는 팀의 문화를 결정하는 아주 중요한 요소다. 정확히 말하면 문제 해결을 위한 솔루션을 찾아내고, 그 솔루션의 추진 여부를 결정하고 실행하는 권한이다. 이것은 충분히 팀장이 세팅할 수 있는 고유함이다.

효과적인 위임의 정도

내가 접한 가장 참신한 위임 방법은 전 마이크로소프트의 HR 디렉터 김형규가 고안한 '8:2 법칙'이었다. 팀원과 팀장이 80퍼센트 정도 의견을 맞췄다면 20퍼센트는 맞추지 않아도 된다는 개념이다. 그럼 팀원은 20퍼센트 정도는 완전히 위임받아 자율적이다. 만약 어떤 프로젝트를 진행할 때 80퍼센트 정도 의견이 일치됐다고 생각되면 20퍼센트의 창의성을 더할 수 있게 된다.

또 다른 사례로 토스의 DRI 제도가 있다. 완전한 위임의 대표적인 사례이자, 토스 문화의 정수다. 토스는 최종의사결정권자^{DRI,} $_{Directly\ Responsible\ Individual}$를 통해서 완전한 위임을 한다. DRI를 가진 팀원들은 투명한 정보 공유의 문화 속에서 본인이 생각하는 합리적인 결정을 내린다. 이 과정에서 잦은 의견 충돌이 일어나면서 DRI도 더 합리적인 결정에 다가갈 수 있게 된다. 이는 독단적인 판단이 아니기에 경청하는 것이 중요하다. DRI가 결정했다면, 그 결정에 동의하지 않은 사람이라도 승복해 그 결정이 옳은 결정이 될 수 있도록 도와준다. 이는 토스가 높은 인재밀도를 추구했기에 가능했던 제도라고도 볼 수 있다.

위임의 정도는 팀원들의 역량과 동기, 그리고 리더 마음속의 신뢰자원 형편에 맞게끔 결정해야 한다. 만약 팀원들의 역량과 동기 수준이 낮다면 위임은 소폭 이뤄져야 한다. 앞서 3장에서 살펴본 것처럼 역량과 동기의 프레임워크를 그린 뒤, Group1과 Group 3에 있는 팀원들에게 점진적으로 위임한다. 이때 본인이 일관성 있게 위임할 수 있는지를 잘 생각해 보라. 중대한 위기에 처한 것이 아니라면 한 번 결정한 위임의 정도는 일정하게 유지돼야 한다. 역량과 동기가 낮은 인원들에게 무턱대고 많은 부분을 위임하는 일은 독이 될 수 있다. 특히 MZ세대는 지시를 싫어하고 자율을 좋아한다는 잘못된 오해로 인해 무조건적으로 위임한다면 이는 곧 방임과 같다. 어느 정도로 위임할 것인가의 결정은 리더의 고유한 권한이자 그 팀의 고유한 문화를 만드는 중요한 요소다.

위임이 불가능한 업계는 없다

제조업과 물류업에서도 위임이 가능할까? 제조업 및 물류업은 그 특성을 떠올릴 때 위임과 거리가 멀게 느껴질 수 있다. 이런 산업에서는 자율을 부여해 창의적인 아이디어를 만들어내는 것보다 시스템과 퀄리티를 통제하는 것이 더 중요하게 여겨지기 때문이다. 그러나 위임의 정도가 IT 기반 산업들보다는 적을 수 있겠지만, 이미 제시된 공정 내에서의 개선, 판단, 제안 측면에서 위임을 부여하는 것은 가능하다.

AI 시대가 되면서 사람이 프로세스의 부속품으로 전락할 수밖에 없다는 두려움이 만연해지고 있다. 이는 위임의 부여로 극복할 수 있다. 예를 들면, 택배를 운송할 때 AI가 짜놓은 경로 외에도 여전히 현장에서 일하는 팀원들의 인사이트를 바탕으로 개선, 판단, 제안을 하는 식으로 위임은 열어둘 수 있다. AI의 계산보다 경험이 많이 쌓인 택배기사들의 판단에 기대는 편이 때로는 배송 시간을 더 줄일 수 있기 때문이다.

실패를 어디까지
용인할 것인가

결과가 실패로 돌아가더라도 과정에서 배움이 있었다면 성장했다고 볼 수 있을까? 린 스타트업 문화가 유행처럼 번지며 실패는 성공을 위한 필수 요소라는 인식이 기본이 된 것 같다. '린 스타트업'은 실패란 하나의 가설이 틀린 것일 뿐이며, 우리는 다음 실행 때 이전에 배운 점을 적용해 더욱 빠르게 성공을 향해 나아갈 수 있다는 개념이다. 미국의 스타트업 IMVU 창업가 에릭 리스가 주창했다. 자세한 내용이 담긴 《린 스타트업》은 많은 스타트업이 제품을 만드는 데 교과서처럼 참고하는 책이다.

실패는 빠를수록 좋다는 지점에서 'Fail fast'라는 말까지 쓰인다. 나도 이런 관점이 성공적인 문화를 만드는 데 매우 중요하다고 생각한다. 하지만 어떤 사람들은 이런 이론과 격언을 본인들에게 유리한 식으로 해석하고는 한다. 명확한 가설을 마련해 두지도 않고 실패해도 괜찮다고 말하는 것은 매우 곤란하다. 또한 진행에 필요한 세

밀한 사항들을 결정하지도 않고 무조건 실행 자체에 매몰되면, 실패 끝에 아무것도 얻지 못하는 경우도 허다하다. 그리고 창업자가 아닌 이상 성과를 평가받는 입장에서 매번 실패했다고 말하면 평판이 깎이는 것도 사실이다. 단기간에 큰 성과를 만들어내야 하거나 실패가 곧 큰 리스크로 이어지는 조직이라면 실패 친화적인 문화를 도입할 것인지에 대해서 다시 한번 생각해 봐야 한다. 아래 요소들을 잘 고려해 실패에 대해 고유한 관점을 가진 조직문화를 구축할 수 있다.

실패 친화적인 문화를 도입하기 전에

1. 우리 팀에 실패 친화적인 문화가 효과 있을까

아래 세 가지 상황을 충족한다면 실패 친화적인 문화를 적용할 수 있다.

- **역량이 높은 사람이 대다수인가** : 리더가 일일이 지시하고 업무의 질을 관리하지 않아도 알아서 일의 완성도를 높이고 스스로 동기를 부여하는 사람이 많아야 한다.
- **가설을 명확히 검증할 수 있는 일을 주로 하는가**: 이는 꼭 제품 실험을 말하는 것이 아니다. 다만 결과가 좋은지 좋지 않은지를 구체적인 데이터로 확인할 수 있어야 한다. 예컨대 행사를 준비하는 팀이라면 행사 방문자 수나 만족도 따위로 측정이 가능하다.

- **한 번의 실행에 돈이 적게 드는가**: 돈이 많이 든다면 실패를 통한 성장의 장점을 살리기에 조심스러우며, 책임 소재에 관한 이슈가 크게 발생하기 쉽다.

2-1. 효과를 볼 가능성이 낮다면

아래처럼 개선을 시도해 보고, 안 된다면 실패 친화적인 문화는 포기하는 편이 낫다. 여건이 맞지 않는데 실패를 통해 성장하라고 한다면 팀원들의 부담감이 높아져 오히려 불편해하며 따르지 않을 것이다.

- **역량이 높은 사람이 대다수가 아닌 경우**: 앞서 살펴본 역량과 동기의 프레임워크를 통해서 Group2와 Group3에 해당하는 인원을 Group1로 보내는 것에 집중한다. 현재는 인재의 밀도를 높이는 일이 시급하다.
- **가설을 명확하게 검증하기 어려운 경우**: 의료, 법무, 회계, 보안, CS 등의 영역에서는 실험이 실패했을 때의 리스크가 너무나 크다. 이럴 때는 실패해 볼 수 있는 시뮬레이션 등을 통해 연습의 장을 마련해 본다. 가설을 검증해 보면서 실전에 가깝게 테스트 해보는 것만이 유일한 길이다.
- **한 번의 실행에 큰 돈이 들어가는 경우**: 별도의 작은 실험을 고안하는 방안을 고민해 본다. 여기서 얻은 결과물을 바탕으로 실전에 적용해 보는 것이 합리적이다.

2-2. 효과를 볼 가능성이 높다면

이제 실패를 통한 성장을 조직의 고유한 문화로 고민해 볼 단계다. 무조건적으로 실패하라는 메시지는 구성원들에게 혼란만 줄 뿐이다. 아래의 체크리스트에 따라 우리 문화에 알맞은 정도를 설정하고 구성원들과 합의하라.

결정 요소	이유
무엇을 실패해도 되고, 무엇을 실패하면 안 되는가	실패를 통해 성장하기 위해 실험을 했으나 막상 중요한 영역이라는 이유로 안 좋은 평가를 받는다면 구성원들이 문화를 신뢰하기 어렵다.
분기 내내 실패해도 수용 가능한가	회사는 학교가 아니기에, 최소한 언제까지 성과를 보여줘야 하는지 알려줘야 한다.
분기가 끝났을 때 전체 구성원의 몇 %가 실패해도 괜찮은가	리더의 솔직한 마음을 끄집어내기 위한 질문이다. 분기가 끝났을 때 모든 팀원이 성공하기를 바란다면, 실패를 권장하는 문화에 대해 다시 생각해 보라.
실패한 후 회고 미팅에서 어떤 톤으로 이야기해야 하는가	무조건적인 위로가 능사는 아니다. 또한 건조한 태도는 오히려 미팅에서 실패를 비난한다는 오해를 부를 수 있다. 미팅의 진행 방식이나 톤을 사전에 정해두고 팀원들과 합의하라.

빠른 실패를 거부하고 성공한 사례: 로빈후드

미국은 인구도 많고 국토가 넓기에 하나의 슈퍼앱이 모든 금융 영역을 커버하기 어렵다. 따라서 영역별로 시장 우위를 점하는 기업이 있다. 대표적으로 주식과 코인 트레이딩에서는 로빈후드가 비즈니스를 매우 잘하는 기업이다. 이들의 미션은 금융의 민주화이며, 모든 고객이 금융에 쉽게 접근할 수 있는 사회를 만드는 것이다. 전형적인 핀테크 기업이라고 볼 수 있다. 때문에 흔히 생각할 때 제품 중심의 회사일 테니 실패를 통해서 배우고 성장하는 문화를 갖고 있다고 생각하기 쉽다. 그러나 놀랍게도 로빈후드의 핵심가치 1번은 'Safety first'다. 이에 대한 설명을 해석하면 다음과 같다.

"신뢰는 얻기 어려우나, 잃기는 쉽습니다. 우리는 고객의 재정을 맡는 일에 대한 책임을 무겁게 받아들입니다. 항상 규정을 준수하고, 리스크에는 신중하게 접근하며, 속도를 위해 신뢰를 희생하지 않습니다."

로빈후드 사례를 처음 알게 된 것은 내가 토스증권의 문화 방향성을 고민할 때였다. 많은 팀원이 전통적인 증권사에서 합류한 상황에서 토스의 애자일 문화를 기반으로 하면서도 어떻게 빠른 실패의 문화를 적용할 수 있을지 너무나 고민됐다. 그런 내게 로빈후드는 새로운 사례였다. 속도를 위해서 신뢰를 희생하지 않는다는 문구를 핵심가치에 넣은 핀테크 기업은 내게 처음이었다.

그러던 어느 날 운 좋게도 로빈후드의 제품담당자와 인터뷰할 기회가 있었다. 그는 내게 'SEV 프로세스'를 소개했다. 블로그에서는 장애 예방에 초점이 맞춰져 기술돼 있지만, 실제로는 사고가 일어났을 때도 적용되는 제도라는 설명이었다. 누군가가 실수를 했을 때 "SEV!"라고 외치면 즉각적으로 사고대응반이 출동해 문제 해결을 도와준다. 그때 중요한 것은 문제의 원인을 개인의 실수가 아닌 시스템의 문제라고 보고 대응한다는 것이었다. 이후 사고대응반은 그들과 함께 SEV 리포트를 쓴다고 한다.

로빈후드는 실패를 권장하는 문화를 갖고 있지 않다. 오히려 실패를 자신만의 고유한 프로세스로 예방하고 잘 대응한다고 볼 수 있다. 로빈후드는 24 4Q 어닝콜에서 주식과 옵션 거래의 시장점유율이 전년 대비 30퍼센트 상승하는 기염을 토했다. 반드시 빠른 속도와 실패만이 테크 회사의 성공 방정식이 아님을 증명하는 셈이다.

목표를 어떻게
세울 것인가

회사의 목표는 조직문화에 중대한 영향을 끼친다. 가령 목표가 항상 높아 달성하지 못하게 된다면 높은 목표를 추구하더라도, 성공의 DNA가 약하게 이식된다. 이렇듯 목표 달성의 난이도부터 시작해서, 회사의 성공 가능성, 목표 달성 정도를 공유할 때의 투명성 등의 부분에서 목표 설정과 조직문화는 밀접한 관련이 있다. 특히 OKR은 조직문화 영역에서 목표 달성의 정도를 정량적으로 측정하면서도 구성원들에게 동기부여하기 위해 가장 많이 쓰는 방법 중 하나다. 'Objective(목표, 우리가 무언가를 이루고자 나아가려는 방향과 의도)'와 'Key Result(핵심지표, 목표 달성 여부를 판단할 수 있는 정량적 지표)'의 두문자어로, 인텔과 구글에서 사용하던 목표 설정 방식이다. 이 또한 장의 서두에서 소개한 것처럼 대표적인 유행 중 하나였다.

OKR의 간략한 예시를 들면 다음과 같다.

> **OKR의 예시**
>
> **Objective(목표):**
> 시리즈 A 단계 스타트업들의 조직문화 고민을 해결하는 파트너가 된다.
>
> **Key Result(핵심지표):**
> 1. 기존 고객의 30% 이상이 신규고객을 소개한다.
> 2. 모든 세션의 만족도를 4점 이상으로 유지한다(5점 만점).
> 3. 고객사의 업무몰입도 설문조사 결과가 10% 상승한다.

Key Result가 달성되면 Objective가 달성되는 구조여야 한다. 그리고 Key Result는 KPI와 달리 단순 산출물Output이 아닌 변화를 수반한 결과Outcome 로 설정해야 한다. 어떤 업무 건을 처리했다는 사실 자체만으로는 유의미한 변화가 있었다고 보기 어렵기 때문이다.

마지막으로 Objective를 봤을 때는 가슴이 뛰어야 한다. 구성원들이 봤을 때 동기부여가 돼야 한다. 그런데 많은 문제가 바로 여기서 발생한다. 도대체 '가슴이 뛴다'는 말의 정의가 무엇일까? 어떤 사람은 로켓을 만들어서 우주로 나아가자는 꿈 정도는 돼야 가슴이 뛸 수도 있다. 하지만 이는 현실적이지 않은 목표다. 달성하기도 매우 어려워 실패할 가능성이 크다. 로켓을 예로 드니 당연한 것 아니겠느냐고 반문할 수 있겠지만, 생각보다 터무니없는 목표를 설정하는 리더가 꽤나 많다.

승리의 DNA를 이식하기 위해 구분할 것

비전과 목표는 다르다. 2018년에 토스에 합류했을 당시까지 나는 토스가 이렇게까지 큰 슈퍼앱이 되고, 사람들의 금융 경험에 큰 영향을 미치는 회사가 되리라고 생각하지 못했다. 그러나 회사 내부에는 이런 꿈을 꾸는 사람이 많았다. 언젠가 토스가 금융사 못지않은 영향력을 갖추고, 소비자들에게 좋은 경험과 혜택을 나눠줄 것이라고 말이다. 이것은 비전이다. 그렇지 않고 만약 2018년 당시의 '목표'였다면, 많은 이가 목표를 달성하지 못해서 실망했을 것이다.

목표는 달성 가능해야 한다. 또한 기한이 정해져 있어야 한다. 그래야 달성하는 재미를 느끼고 더 높은 목표를 추구하며 동기를 부여받을 수 있다. 목표가 너무 높아서 지속적으로 달성에 실패하게 된다면, 조직의 DNA에 무기력감은 지속적으로 학습된다. 성장하는 조직으로 나아가는 데 방해가 될 뿐이다. 그래서 원대한 목표에는 가급적이면 '장기목표' 혹은 '비전' 등 다른 이름을 달아서 설정하라.

가령 KBO 꼴찌팀의 비전과 목표를 세운다고 예시를 들어보자.

> **KBO 꼴찌팀의 비전과 OKR**
>
> **비전:** 3년 안에 한국 시리즈에 진출한다.
>
> **올해의 Objective(목표):**
> 팀에 승리 DNA를 맛보게 해준다.
>
> **올해의 Key result(핵심지표):**
> 1. 성과 중심의 주전 경쟁을 통해 모든 포지션에 두 명 이상의 상시 A급 풀을 갖춘다.
> 2. 팀 대항전을 지속적으로 실시해, 승리를 경험하는 횟수를 개개인에게 30회 이상 만들어준다.
> 3. 모든 플레이어의 체력 수준을 현재보다 120% 끌어올리고, 절댓값 90점 이상을 넘게 한다.

꼴찌팀이 한국 시리즈에 진출한다는 것은 사실상 불가능에 가깝다. 리그 5위 이상을 기록하고, 가을 야구에 진출해서 결승전까지 올라야 하는 여정이기 때문이다. 올해의 목표가 되기 어렵다. 따라서 올해의 OKR은 충분히 달성 가능하면서도 동기부여가 되는 것으로 구축해야 한다. 한국 시리즈라는 3년 뒤 달성할 비전을 위한 초석으로 삼아야 한다. 가장 중요한 것은 선수층 뎁스와 작은 승리의 경험, 그리고 체력이라고 생각했다. 여기에는 올해 승률이 얼마 이상 돼야 하는지 등의 지표는 일부러 넣지 않았다. 이는 오히려 불가능성을 배가시킬 뿐이다.

성장하는 조직의 문화는 당장의 승리를 무조건적으로 강요하거나 멋진 목표를 통해 동기를 고취시킨다고 해서 만들어지지 않는다. 가랑비에 옷이 젖듯 지속적으로 작은 성취를 경험하는 것이 중요하다. 따라서 가슴 뛰는 목표를 세팅하기보다 달성 가능하면서도 장기 비전을 달성하기 위한 단계로서의 목표들을 고려하는 것이 좋다는 사실을 기억하자.

개인적으로 축구선수 손흥민을 좋아하고 존경한다. 10여 년이 넘게 우승을 한 번도 하지 못했던 팀에 계속 몸담으며 유로파리그 우승을 이끌어냈다는 서사는 특히 영웅적이라고 생각한다. 얼마 전 유튜브에서 토트넘 우승과 관련한 영상을 보다가 인상적인 베스트 댓글을 봤다.

"이제 토트넘이 위닝팀 DNA를 알게 됐네. 무서울 것 같다."

이 댓글은 이기는 조직을 만드는 데 상당히 중요한 지점을 짚고 있다. 유로파리그 우승이 현재 토트넘의 얇은 선수층을 두텁게 만들어주지는 않는다. 하지만 우승 경험은 후대 선수들에게도 계속 남아 영향을 줄 것이다. 이런 이유로 챔피언스리그라는 대형 승리를 거두지는 못했더라도 우승 자체에 의미가 있다고 볼 수 있다.

이런 것을 '작은 승리Small wins'라고 부른다. 목표와 비전을 향해 나아가는 길목에서 팀은 작은 승리와 성취를 계속해서 맛봐야 한다. 어떤 리더들은 팀의 성과가 좋지 않은 원인을 팀의 분위기에서 찾는다. 그래서 으쌰으쌰 하는 분위기를 만들기 위해서 회식이나 워크숍을 선택하고는 한다. 하지만 그보다는 함께 작은 성공을 해내는 것이 훨씬 더 도움이 된다. 효능감과 성취감은 사람의 내재동기에서 가장 근본적인 원동력이 되기 때문이다.

For 팀장

나는 칭찬도 잘 못하고 재밌지도 않은 리더예요

결론부터 말하자면, 그래도 괜찮다. 이번 장의 주제를 생각해 보라. 본인만의 고유성을 찾는 것이 핵심이다.

나는 2025년 6월에 토스를 떠나 창업을 했다. 주요 사업 내용은 스타트업에 조직문화 및 HR 자문 서비스를 제공하는 것이다. 그러다 보니 스타트업 대표들을 만날 일이 많다. 의사, 엔지니어, 소상공인 등 그들의 백그라운드가 매우 다양하다. 그런데 그 다양함에 비해 '스스로 너무 재미가 없고 커뮤니케이션 역량이 떨어져서 문화의 롤모델이 될 수 있을지 잘 모르겠다'고 말하는 분이 의외로 많다. 이들은 하나같이 이렇게 말한다. 내성적이라서 워크숍이나 회식 같은 데 자신이 참석하면 재미가 없어진다고 말이다.

이 책에서 결국 내가 말하고자 하는 것은, 문화는 비즈니스 성공을 향한 하나의 전략이며, 그것은 조직마다 다른 형태로 나타난다는 것이다. 만약 레크레이션이 리더의 주요 임무가 아니라고 한다면 낙담할 필요가 없다. 팀의 승리는 회식 장소에서 나오지 않고, 작은 승리에서 나온다. 그러니 그런 고민을 할 시간에 어떻게 하면 팀원들이 작은 성공을 맛볼 수 있을지 고민하면 된다. 나만의 방식으로, 그리고 이 책에서 소개한 기초적인 요소들을 설정하는 과정에서 나온 고민들을 바탕으로 말이다. 회식에서는 당신도 그저 참여자로서 즐겁게 즐기면 된다.

동료 피드백을 장려할 것인가

동료 피드백은 동료 간에 성장을 위한 피드백을 주고받도록 권장하는 제도다. 한편으로는 팀원을 향한 360도 평가의 자료로 활용하기도 한다. 상사의 입맛에 따른 일방향적인 평가를 탈피할 수 있다는 장점이 있다. 일례로 동료끼리 핵심가치를 기반으로 피드백을 줄 때 이런 장면을 볼 수 있다.

> **핵심가치를 기반으로 한 동료 피드백**
>
> A 님은 열심히 해주시는데, 속도가 느린 편입니다. 이는 'Move with urgency(신속하게 행동하라)'에 따라 개선해 주셨으면 좋겠습니다. 일례로 팀의 가장 중요한 프로젝트에서 가장 첫 순서인 사례조사를 맡으셨는데, 여기서 일주일 넘는 시간이 소요돼 팀의 속

> 도가 전체적으로 느려지는 결과가 발생했습니다. 사례조사의 퀄리티는 나쁘지 않았으나 속도가 아쉬웠습니다.

같은 실무를 하는 입장이다 보니 자세하고 구체적인 피드백을 줄 수 있다. 실제로 스스로 크게 생각해 보지 않았던 부분이 팀에 좋지 않은 영향을 끼치고 있었다는 점을 인식하게 돼 A에게 좋은 계기가 됐을 것이다. 하지만 이 제도는 예상보다 훨씬 더 큰 부작용을 안고 있다.

동료 피드백 문화의 부작용들

1. 평가와 피드백을 구분하지 못한다

평가는 말 그대로 상대의 성과에 대한 코멘트를 바탕으로 하며, 보통 보상이나 승진 등에 영향을 준다. 그러나 피드백은 업무 결과나 태도, 방식 등에 대해서 자유롭게 줄 수 있다. 우리나라에서는 피드백을 평가와 동일시하는 경우가 많다. 그러다 보니 편하게 피드백을 건네기가 꺼려지고, 그냥 좋다며 칭찬만 하는 경우가 많다. 칭찬도 긍정적인 피드백의 한 종류지만, 성장을 위해서는 개선해야 할 점을 함께 말해주는 것이 중요하다. 피드백을 받은 사람도 상대의 성장을 위하는 마음으로 피드백을 줘야 하지만, 결과물에 대해 비판하는 것이 목적인 경우도 있다. 평가와 피드백 구분이 정확히 안 된다면 동료 피드백 문화의 목적은 달성하기 어렵다. 하지만 대부분은 이 둘을 구분하지 못하며, 하고 싶지도 않아 한다.

2. 장기근속자의 피드백에 무게가 실린다

이는 당연한 결과다. 오래 근속하면 회사의 정보와 역사를 잘 알 수밖에 없다. 새로 입사한 사람이 업무를 추진할 때, 장기근속자가 "그거 예전에 해봤는데 안 됐어요"라고 한마디만 해도 순식간에 진행이 멈추기도 한다. 그만큼 동료 피드백은 근속연수에 민감하게 영향받는다. 따라서 자신의 발언이 가진 무게감을 인식하고 책임감 있게 행동하는 장기근속자들이 있어야만 합리적인 피드백을 주고받을 수 있다. 하지만 굉장히 높은 도덕성이 요구되기에 달성되기 어렵다.

3. 피드백을 건강하게 수용하지 못한다

잘 갖춰진 피드백이라고 해도 받는 사람의 사정이나 성격에 따라 목적을 달성하기 어려워지기도 한다. 보통 성장 마인드셋을 갖추지 못한 사람들은 피드백을 자신에 대한 비난으로 받아들이며 원만히 수용하지 못한다. 이런 경우 불필요한 감정 소모로 이어지며 용기 내서 피드백을 줬던 사람은 의지를 상실하게 된다. 피드백을 수용하는 것은 결국 받는 사람이기 때문에, 적절하게 걸러서 듣는 메타인지도 필수적이라고 할 수 있다.

앞서 말했듯이 MZ세대는 상사에게 많은 피드백을 원한다. 이에 대한 근거가 점점 쌓이고 있기 때문인지 많은 회사가 동료 피드백 제도를 활성화하려 애쓰고 있다. 특히 수평적인 문화를 표방할수록 그에 대한 집착이 더욱 심해진다. 그러나 우리는 MZ세대가 피드백을 원하는 상대가 리더라는 것을 주의 깊게 봐야 한다. 후배와 동료에게 받는 피드백에는 의외로 보수적일 수도 있다. 특히 사람 심리상 자기보다 못하다고 생각했던 사람의 피드백을 받아들이는 일은 더욱 힘들게 다가올 수 있다. 때문에 동료 피드백 문화를 활성화할지의 문제는 조직의 고유한 상황에 따라 결정해야 한다. 이를 위해서 고려할 요소들은 아래와 같다.

조직의 상황을 먼저 파악하라

팀원들의 피드백 수용성이 충분한가

메타인지와 성장 마인드셋 측면에서 팀원들을 잘 살펴보라. 여태까지 그들이 리더의 피드백을 잘 소화해 왔다면 동료 피드백 문화를 시작해 봄직하다. 그만큼 피드백에 열려있는 태도를 보여줬다는 뜻이기 때문이다.

우리 팀의 핵심가치와 그라운드룰이 명확한가

피드백은 주관적인 판단을 따른다. 하지만 적어도 기준은 객관적이어야 한다. 앞서 살펴봤듯이 성과를 만들어내는 방식인 핵심가치와 우리가 함께 잘 일하기 위해서 합의한 약속인 그라운드룰이 그 기준이 돼야 한다. 만약 이 기준들이 흐릿하다면, 이것을 먼저 정비하기를 추천한다. 또한 리더는 팀의 롤모델이다. 팀이 합의한 문화 원칙을 리더가 지키지 않는다면 무용지물이 되므로, 자신이 핵심가치와 그라운드룰을 잘 따르고 있는지 먼저 체크하라.

리더가 먼저 피드백을 잘 수용하고 잘 주는가

리더가 피드백에 익숙하지 않다면, 팀에 문화를 전파하기 전에 먼저 이를 학습하고 연습해 볼 필요가 있다.

만약 위의 세 가지 요건들을 고려해 동료 피드백 문화를 실시하기로 결정했다면, 아래 사항들을 고유하게 결정해 보도록 하자.

피드백의 공개성

서로가 나눈 피드백을 타인도 볼 수 있게 할 것인가? 통상적으로 개선 피드백은 당사자끼리만 공유하는 방향으로 권장한다. 하지만 팀원들의 회복탄력성이 높고, 이들이 더 빠른 개선을 도모한다면 예외적으로 투명하게 운영하는 옵션도 있을 수 있다. 그렇다면 피드백을 주고받는 과정에서 '나만 이렇게 느끼는 게 아니었구나'

라는 공감과 학습이 가능하다. 하지만 이는 높은 신뢰가 없다면 쉽지 않다.

피드백의 주기

개선점이 보이는 즉시 말할 것인지, 아니면 리더가 모아뒀다가 정규 원온원 때 줄 것인지 결정하라. 전자는 행위자가 자신의 행동을 기억할 확률이 높아 수용성을 높인다. 그러나 회복탄력성이 낮다면 따발총 같은 피드백들에 상처를 받을 수도 있으니 유의해야 한다.

피드백의 형식

SBI모델을 활용해도 좋고, 다른 모델을 따라도 좋다. 추상적인 피드백만 피하자.

피드백에 대한 리액션

넷플릭스는 피드백에 관해 '4A 원칙'을 만들면서, 받는 입장에서는 무조건 감사를 표현하게 했다. 그리고 'Accept or Decline(수용하거나 거절하기)'라는 규칙을 넣어서, 수용 여부는 받는 사람의 결정에 따른다고 규정했다. 이처럼 무조건 피드백을 준 사실 자체에 감사를 표하게 할 것인지, 수용 여부는 받는 사람이 결정하므로 거절할 수 있는지 등에 대해서도 미리 결정한다면 불필요한 오해를 방지할 수 있다.

핵심 Pick

- 유행하는 조직문화를 따라 하는 것보다 고유한 조직문화를 구축하는 것이 우선이다.

- 문제 해결을 위한 솔루션을 찾아내고 결정하고 실행하는 권한을 구성원에게 어느 정도로 위임할지 결정하라.

- 실패 친화적인 문화가 우리 팀의 상황에 적절한지 판단하라.

- 가슴 뛰는 목표보다 현실적이고 달성 가능하되 비전을 향해서 나아가는 단계로서의 목표를 설정하라.

- 동료 피드백 문화의 부작용을 인식하고, 조직이 이런 문화를 도입하기에 적절한 요소를 갖췄는지 체크하라.

- 회식하며 분위기를 좋게 만드는 것보다, 작은 성취를 쌓으면서 위닝팀 DNA를 갖추는 것이 중요하다.

6 온·오프보딩

**환영은 담백하게,
이별은 따뜻하게**

온보딩의
진짜 목적을 기억하라

팀에 새로 합류한 사람들이 빠르게 적응할 수 있도록 지원하는 과정을 온보딩Onboarding, 그리고 퇴사자가 팀을 떠나는 과정을 오프보딩Off boarding 이라고 한다. 자문 현장에서 많은 회사가 온보딩에 대한 고민을 자주 공유해 준다. 링크드인이나 SNS에 원대한 환영 행사나 풍선을 이용한 자리 꾸미기, 번듯한 식당에서의 식사 자리 등이 자랑 삼아 공유되다 보니 우리도 그렇게 해야 하나 고민이 된다는 것이다.

이렇게 꼭 원대한 행사를 준비하지 않더라도 많은 회사가 입사 당일에는 사무실 이곳 저곳을 구경시켜 주면서 환대의 분위기를 조성하기 위해 애쓴다. 그렇게 입사한 직원은 파란만장한 회사 생활을 하다가 조직을 떠나게 될 때는 인사팀과 조용히 만나 사직서에 서명을 한다. 그리고 팀원들과 조촐한 송별회를 갖는다. 대체로 많은 회사와 구성원이 퇴사를 조용히 진행하기를 더 지향하는 분위기다. 물론 팀별로 약간씩 차이가 있지만 온보딩은 따뜻하게, 오프보딩은 드라이하게 진행된다는 특징은 거의 비슷하다.

그러나 각각의 목적을 더 효과적으로 달성하기 위해서라면 오히려 그 반대여야 한다. 온보딩은 드라이하게, 오프보딩은 따뜻하게 진행하는 것이 맞다. 회사 생활에서는 첫인상보다 끝 인상이 훨씬 더 중요하다. 퇴사자가 떠난 후 그가 진행했던 업무의 흔적을 파헤쳐 보면 영 엉망인 경우가 있다. 이때 그 사람의 끝 인상이 좋지 않게 남은 경험들이 있을 것이다. 이는 회사도 마찬가지다. 새로 합류했을 때 아무리 따뜻하게 환대를 해주더라도, 떠나갈 때 이미 남이 된 것처럼 대하거나 불신한다면 그간 쌓아온 관계와 이미지는 말짱 도루묵이 된다. 하여 이 장에서는 온보딩과 오프보딩의 올바른 지향점에 대해서 살펴보도록 하자.

친절함이 관건이 아니다

조직문화 담당자가 되고 가장 먼저 했던 일은 신규입사자를 위한 온보딩 기획이었다. 금융사나 대기업에서 토스로 이직한 사람들에게 토스에서 사용하는 용어, 메신저 사용법, 협업 방법 등은 모두 생경했다. 그러나 당시에는 기본적인 업무 방식에 대한 설명이 따로 마련돼 있지 않았다. 하여 업무를 위해 알아야 할 기본 사항을 알려주는 시간과 토스의 문화와 일하는 방식을 설명하는 시간을 따로 마련했다. 조직 구조와 역사에 대한 설명도 곁들이고, 식사도 한 시간 넘게 진행하면서 토스에 합류한 것을 기쁜 경험으로 느끼게끔 노력했다. 그런데 온보딩 과정을 공고히 만들수록 그와 비례해 구성원들의 불만이 증가하기 시작했다. 주로 다음과 같은 불만이었다.

- **신규입사자**

'처음부터 알려주는 게 정말 많구나. 이 회사는 업무량이 많은가 보다. 실무는 또 언제 익히지? 문화 얘기는 언제 끝나는 거야….'

- **신규입사자를 기다리는 실무자**

'교육받느라 자리에 오지를 않네. 도대체 업무 인수인계는 언제 하라는 거지?'

- **관리자**

'온보딩 교육 자체에는 만족도가 높은데, 실제로 성과에 영향을 주는지는 모르겠다. 온보딩 과정이 너무 길어서 실무자 사이에 불만이 큰데 또 교육 만족도는 높아서 어떻게 해야 할지 모르겠다.'

온보딩에 시간과 노력을 투자해야 한다는 데는 다들 어렴풋이 동의하는 듯했다. 하지만 온보딩이 직접적으로 신규입사자의 업무 적응으로 연결되는가에 대해서는 동상이몽이었다. 나조차도 처음 온보딩을 설계할 때는 '무조건 친절히 대하면 된다', '하나부터 열까지 다 알려줘야 한다'는 등 잘못된 가정으로 접근을 했다. 때문에 온보딩 자체를 친절히 만드는 것에 초점을 맞췄을 뿐, 이것이 곧 업무 능력 향상으로까지 이어지는지는 신경 쓰지 못했다. 이제부터 기술할 인사이트는 내 오랜 좌충우돌에서 얻어낸 것이다.

신규입사자는
버디에게 맡겨라

신규입사자가 경력직이라면 '브레인워싱Brainwashing'이라고 할 만큼 이전 직장에서 일하던 방식을 씻어낼 수 있게 도와줘야 한다. 신입이라면 기본적인 업무 매너와 함께 성과를 낼 수 있는 방법을 알려줘야 한다. 이 두 그룹이 주로 궁금해하는 것은 상이하다. 필요한 정보나 업무 방법을 알려주지도 않은 채 현업에서 일하는 것이야말로 온보딩이라고 생각하며 무작정 방치하는 것은 결코 좋은 방식이 아니다.

반면 과도한 친절함에 빠지지 않는 것 또한 중요하다. 화장실의 위치나 점심 먹을 식당의 리스트까지 공식적으로 알려줄 필요가 있을까. 이는 조직의 문화에 적응하는 데 큰 도움이 된다고 보기 어렵다. 회사 내에 조직문화에 관한 교육 콘텐츠가 있다면 이는 가급적이면 업무 본연과 일치하는 내용으로 채우고, 일상적이고 사소한 팁들은 '버디'에게 맡기는 것이 가장 좋다.

버디, 살아 움직이는 매뉴얼

이직은 흥미롭지만 한편으로는 긴장감을 선사하는 이벤트다. 게다가 당신이 만약 인사권을 가진 리더라면, 이들은 궁금한 사항이 있더라도 당신에게 편하게 물어보기는 더더욱 어려울 것이다. 이렇게 긴장도가 높은 상황에서는 의지할 만한 사람을 당장 근처에서 찾게 된다. 이때 이들이 편하게 물어볼 수 있는 사람을 버디로 지정한다.

버디는 신규입사자를 도와주는 동료다. 보통 이런 존재의 중요성이 간과되는 경우가 많다. 서로 밥을 챙겨주거나, 회사 공간을 안내해 주는 정도의 동료로 생각하기 때문이다. 그러나 버디는 신규입사자가 조직문화를 경험하는 첫 번째 사람이다. 버디가 문화를 잘못 해석하고 있거나, 회사에 회의적인 인원이라면 그 영향이 고스란히 신규입사자에게 전달될 것이다. 사람은 모방학습의 동물이기 때문이다. '모방학습'이란 다른 사람의 행동을 관찰하고 따라 하면서 자기 것으로 만드는 행위를 의미한다. 사람들은 종이 매뉴얼이 아무리 친절하게 작성돼 있더라도, 사람을 보고 따라 하는 것이 더 편하고 효과적이라고 느낀다. 따라서 버디의 역할과 필요한 자질에 대해 잘 설계해 둘 필요가 있다.

버디의 첫 번째 역할은 문화 전도사다. 신규입사자에게 그라운드룰, 핵심가치 등 팀의 중요한 문화를 알려주고 그들의 질문에 대답해 줄 수 있어야 한다. 이런 점에서 버디는 입사한 지 최소 6개월이 지났거나 리더가 봤을 때 회사의 문화에 우호적이고 이해가 높은 인원으로 선발해야 한다.

버디가 될 만한 인원들은 기존에도 현업으로 바빴을 것이다. 때문에 버디 역할이 부담스럽지 않도록, 이들에게는 업무를 약간씩 조정해 주는 것이 제일 좋다. 혹은 버디를 명예직으로 운영하되, 열정적으로 버디 역할에 참여하는 사람에게는 소정의 보상과 인정을 주는 것도 좋은 방안이다. 그러나 누군가를 돕는다는 이타적인 행위에 금전적인 보상을 거는 것은 신중하게 결정하자. 이 제도의 목적은 버디의 도움으로 신규입사자가 빠르게 적응하고 장기적으로 퍼포먼스를 낼 수 있도록 유도하는 것이기 때문이다. 단기적으로 버디의 업무량을 줄이는 것이 가장 근본적인 보상이다.

버디가 신규입사자에게 제공할 수 있는 온보딩 콘텐츠에는 다음과 같은 것들이 있다.

1. 새로운 업무 환경을 세팅한다(공간 투어, 출입카드 등록, 하드웨어 및 업무 툴 설치 등).
2. 필요한 업무 정보에 접근하는 방법을 안내한다.
3. 핵심가치 및 그라운드룰을 안내한다.

그러나 신규입사자가 앞으로 맡을 기본적인 역할이나 성과 지표는 리더가 주지시켜 줘야 하는 내용이니 참고하자.

신규입사자의 정보 접근성을 보장하라

앞서 미친 성장을 이루는 조직의 비결을 이야기하며 스스로 동기부여하는 인재에 대해서 살펴봤다. 이들에게는 온실 속 화초처럼 귀하게 양육시키거나 세렝게티의 얼룩말처럼 방임하는 것 모두 좋은 온보딩 방법이 아니다. 우리는 좋은 온보딩 '환경'을 제공하는 일에 집중해야 한다. 바로 앞에서 설명한 버디도 환경적으로 중요한 요소 중 하나다.

또 다른 하나로는 정보 접근성이 있다. '슬랙'이라는 협업 툴을 들어본 적이 있을 것이다. 많은 기업이 이 툴을 업무 현장에서 사용한다. 여러 가지 장점이 있지만, 개인적으로 느끼는 가장 큰 장점은 입사 이전에 공유됐던 정보들도 검색하면 볼 수 있다는 것이다. 우리는 수많은 정보를 취합해서 최적의 의사결정을 내리고자 노력한다. 신규입사자는 이런 정보에 접근하는 데 많은 제약이 있다. 그것을 어디서 찾을 수 있는지는커녕 무슨 정보가 존재하는지도 알 수 없기 때문이다. 때문에 신규입사자가 원하는 정보에 접근할 수 있는 방안들을 강구해 줘야 한다. 만약 별다른 툴이 없다면, 신규입사자가 찾는 정보를 함께 찾아주는 역할을 버디에게 부여해도 좋다(계속 강조하지만, 이럴 때는 버디의 업무량 조정도 함께 수반돼야 한다).

핵심가치는 플라이휠의 사례로 교육하라

버디를 통해서 핵심가치를 알려주는 것 외에 회사에서 공식적인 교육을 제공하고 싶을 수 있다. 교육을 만들 때는 원론적인 내용이 아니라 구체적인 사례를 활용해야 효과적이라는 사실을 기억하자. 이미 신규입사자들은 면접을 준비하면서 외부에 알려진 회사의 문화를 빠삭하게 공부했다. 관건은 자신의 직무에서 이 문화를 어떻게 해석하고 적용할 것인가다.

앞서 1장에서 조직에 핵심가치를 내재화시키기 위해 플라이휠을 구축하는 과정을 설명할 때, 구체적인 사례를 모아두는 것이 중요하다고 말한 적이 있다. 이는 온보딩에서 그 빛을 발한다. 각 직무별로 구체적인 사례가 준비돼 있다면, 별다른 교육이 필요 없이 그 사례집을 읽으면 된다. 그리고 사례가 잘 이해되지 않는다면 교육담당자 혹은 해당 직무의 리더에게 물어보도록 안내하라. 이렇게 구체적인 사례를 기반으로 교육을 구성할 수 있다면 온보딩 속도는 배로 빨라질 것이며, 그 목적 또한 수월하게 달성될 수 있다.

이별 과정은 조직문화의
상징적 장면이다

우리나라는 퇴사를 유난히 부정적으로 인식한다. 누군가 퇴사하면 리더나 그가 속했던 팀에 문제가 있을 것 같다고 추측한다. 체면이나 본인 평가 때문에 리더가 퇴사를 극구 말리는 경우도 있다. 리더가 구성원에게 개인적으로 실망하게 되는 순간이기도 하다. 그만큼 감정적으로 받아들인다는 뜻이다. 그 때문인지 조직에 퇴사를 알리고 실행하는 과정에서 관계가 손상되고 실망감이 생기는 경우가 생각보다 많다. 퇴사 후 회사나 리더와 연락을 주고받는 케이스도 드물다.

퇴사는 나머지 구성원들에게도 문화적으로 큰 영향을 주는 사건이다. 열심히 일하던 사람이 퇴사를 하면 조직은 동요한다. 대부분은 개인사정으로 퇴사한다고 밝히기 때문에 그 전말을 궁금해하는 경우도 많다. 그러나 퇴사 당사자도 비밀유지의무 등의 이유로 실제 퇴사 이유는 주변에 잘 알리지 않고, 그러다 보니 퇴사자는 괜히 조직에 미안한 마음을 갖게 된다. 퇴사하고 나서도 몇몇 친한 사람을 빼고는 연락하지 않는다. 관리자나 선배에게 연락하면 뭔가를 부탁하는 모양새처럼 느껴진다는 이유도 있다.

여기서 역발상이 필요하다. 퇴사라는 과정이 꼭 그렇게 힘들고 건조하게 진행될 필요가 없다. 끝 인상을 좋게 남겨야 하기에 퇴사는 오히려 감성적으로 잘 챙겨야 하는 항목이다. 퇴사 행정 처리가 마무리되고 송별회를 했다고 끝이 아니다. 퇴사하는 중에도, 또 퇴사를 하고 나서도 그 관계는 계속해서 관리돼야 한다.

좋은 끝 인상이 중요한 이유

1. 조직의 신뢰자원을 지킨다

내부자들의 신뢰자원을 지킬 수 있다는 것은 가장 큰 장점이다. 구성원들은 문화의 생산자이자 소비자로서 조직과 함께한다. 그런데 누군가가 퇴사할 때 그를 향한 회사의 태도가 일시에 바뀌는 모습을 본다면 회사의 일관성에 매우 큰 타격이 있을 것이다. '이 회사는 나가겠다고 하는 사람은 가치 있게 보지 않는구나', '그동안의 헌신을 하나도 인정하지 않는구나' 하는 매우 부정적인 인식이 퍼진다. 대개는 회사가 문제 있는 사람을 내보낼 때만 이런 인식이 생기리라 생각하는데, 이는 착각이다. 회사가 내보냈든 아니든, 당사자에게 문제가 있든 없든 누군가를 내보내는 과정이 문화와 이격이 크다면 문화에 대한 내부자의 신뢰에 큰 타격을 입는다는 점을 명심해야 한다.

2. 퇴사자가 외부 인재에게 우리 회사를 추천할 수 있다

내부 만족도가 높은 사람이 외부 사람들에게 채용 추천을 더 많이 할 수 있는 법이다. 이는 퇴사자에게도 마찬가지로 적용된다. 물론 내부 만족도가 떨어져서 퇴사했을 수도 있지만, 오히려 퇴사하고 나서는 조금 더 편하게 지인을 추천할 수 있다는 이점도 생긴다. 만약 퇴사 과정이 껄끄러웠다면 이런 가능성은 낮아진다.

3. 퇴사자와 새로운 협업 기회를 주고받을 수 있다

사람 일이 어떻게 될지 모른다는 것은 퇴사자에게도 똑같이 적용된다. 퇴사자가 새로운 회사에 가거나 사업을 전개하게 됐을 때 새로운 협업 기회가 생길 수 있다. 끝 인상이 좋지 않았다면 이런 가능성이 낮아진다.

퇴사 면담,
인재 잔류를 위한 골든타임

어느 날 핵심 개발자 A가 다른 회사로 이직한다는 소식을 전했다. 대체 불가능한 포지션이었기 때문에 무조건 잡아야 했다. 그러나 제시할 수 있는 스톡옵션은 최대치가 정해져 있었고, A는 오히려 보상을 깎더라도 이직처로 가고자 했다. 보상이 퇴사의 큰 표면적 원인이 아니었던 것이다. 그는 장래에 좀 더 안정적으로 일할 수 있는 기업으로 가기를 원했다. 자녀도 곧 대학교 진학을 앞두고 있었다.

진심을 확인하는 절차

첫 퇴사 면담 때 A는 이미 이직처에 합류 날짜도 받아놨고, 더 이상 이야기를 이어나가면 양쪽에 피해를 줄 수 있으니 빠르게 퇴사 절차를 진행해 달라고 말했다. 퇴사일까지는 한 달 정도의 여유가 있었다. 우선은 나를 만나준 것으로 보아 마음을 바꿀 여지가 없지는 않다고 생각했다. 피해를 주지 않을 테니, 일주일 후 한 번만 더 만날 수 있겠냐고 요청했다. 회사에서도 핵심 개발자를 잃게 돼 상실감이 크니, 그 마음을 이해해 달라고 했다. 그 후 바로 최고개발책임자에게 이 사실을 알렸고, 회사가 크게 아쉬워한다는 사실을 정서적으로 전달하기로 협의했다. 그리고 옵션 네 가지 정도를 만들었다. 스톡옵션을 비롯한 금전적 보상과 비금전적 보상이 포함된 패키지였다. 물론 큰 규모는 아니었지만 회사가 이렇게까지 당신을 생각한다는 마음을 전달하고 싶었다. 그리고 두 번째 면담에서 이를 전달했다. 생각해 보겠지만, 결과가 크게 바뀌지 않을 것 같다는 답변을 다시 들었다.

그 당시 나는 긴 휴가를 갈 예정이었다. 그러나 휴가 중에 A를 만나러 회사에 가야겠다고 생각했다. 그 정도의 성의를 보여주는 것도 의미 있으리라 생각했기 때문이다. 세 번째 면담을 통해 조금 더 이야기를 들어보는 시간을 가졌다. 그리고 마침내 네 번째 면담에서 회사에 잔류하겠다는 답변을 얻어냈다. 스톡옵션을 일부 사용했지만, 그보다 더 큰 가치를 지켰다. 알고 보니 A는 회사로부터 자신이 인정받지 못하고 있다고 느꼈다. 그러나 퇴사 면담을 거치면서 회사가 자신을 진정으로 아낀다는 마음을 많이 느끼게 됐다고 한다. 평상시 그를 중요 인력이라 생각했지만 그 마음을 미처 전달하지 못했던 것 같아서 반성하는 계기가 됐다.

이렇듯 퇴사 면담은 온 진심을 다해 접근해야 한다. 단순하게 보상이나 자리를 제안하는 거래로 생각한다면 상대의 마음을 돌리기는 어렵다. 이 사례처럼 온 마음을 담아 퇴사 면담을 진행해 상대의 마음을 돌리는 데 성공한 건이 꽤 있었다. 퇴사 희망자를 꾸준히 만류하고 그들의 말을 경청하면서 성의를 보여주는 것은 이들의 마음을 돌리는 유리한 전략이다. 이와 함께 실제로 잔류를 위한 옵션을 만들어 전달하는 것도 중요하다.

파타고니아의 퇴사 인터뷰

한때 조직문화 업계에서 유행했던 파타고니아의 퇴사 인터뷰를 소개한다. 파타고니아는 미국의 빅테크처럼 유명하지는 않지만, 본인들의 철학을 기반으로 고유한 조직문화를 설계해 훌륭한 성과를 보인 기업 중 하나다. 파타고니아는 퇴사율이 한 자릿수 수준으로 업계에서 제일 낮은데, 퇴사할 때 경영진이 다음의 질문을 던지면서 인터뷰를 실시한다고 알려져 있다.

- 파타고니아에 입사한 이유가 무엇이었나요?
- 회사로부터 원했던 경험은 무엇인가요?
- 회사가 당신에게 어떤 경험을 제공했나요?
- 우리가 충족시켜 주지 못한 게 무엇이었죠?

이런 질문들도 결국은 진심을 전달하는 데 그 목적이 있다. 대개 퇴사는 이성적인 듯 감정적인 결정을 기반으로 하는 경우가 많다. 회사 혹은 자기 리더에게 알게 모르게 크게 실망해 마음이 착잡했을 것이다. 이럴 때 왜 퇴사하려고 하냐며 추궁하면 당연히 퇴사를 막을 수 없다. 그동안의 경험에 대해서 묻고, 제일 좋았던 순간을 떠올리게 하는 역발상이 통하는 이유다. 누군가 퇴사한다고 했을 때 '아, 또 왜 퇴사한다고 그러는 거야…'라고 생각하기보다 '이번에는 그에게 진심을 전달하고 근본적인 퇴사 동기를 파악해서 한번 잔류를 설득해 봐야겠다'라고 마음을 먹는 것이 훨씬 더 좋은 결과를 만들 수 있을 것이다.

퇴사 면담은 퇴사가 확정되고 나서 하는 것이 아니다. 퇴사 의사를 처음 밝혔을 때부터 이를 번복시키고 서로의 입장 차이를 확인하고 해결하기 위한 목적으로 진행돼야 한다.

그럼에도 불구하고 퇴사하려는 직원은 잔류시키지 못할 확률이 크다. 그렇다면 필요한 절차를 수행하면 된다. 절차적으로 잘 마무리됐다면 이제는 마지막을 좋은 경험으로 장식할 차례다. 약간의 지원금만 있다면 경험을 충분히 좋게 만들 수 있다.

- **감사 굿즈 제작**

사내 행사를 위한 굿즈를 만들 때보다 돈은 적게 들지만 훨씬 효과가 좋다. 가령 졸업장 같은 굿즈를 만들어서 배포한다면 기억에 오래 남을 것이다. 롤링페이퍼는 뻔하지만 그럼에도 여전히 효과가 좋은 방법 중 하나다.

- **송별회**

함께 식사 자리나 술자리를 가지면서 마무리할 수 있도록 한다. 굿즈를 제작했다면 이때 전달한다. 이런 회식을 편하게 진행할 수 있도록 지원한다.

- **알럼나이 네트워크 초대 및 관리**

'알럼나이 네트워크'란 졸업생 모임과 비슷하다. 우리 회사를 졸업한 사람들과의 인맥을 관리하는 것이다. 알럼나이 네트워크를 잘 관리하면 비즈니스적으로 좋은 기회가 창출될 수 있고, 재입사의 가능성이 커진다. 만약 회사 차원에서 관리하지 않고 있다면, 리더가 한두 번씩 팀의 퇴사자들을 모아서 식사를 진행하는 것도 방법이다.

빈자리를 인정하고
새로운 길을 모색하라

핵심인재가 퇴사하며 무너진 팀의 사기는 어떻게 올릴까? 생각만 해도 골치 아픈 상황이다. 만약 이런 상황이라면 특별하게 뭔가를 하기보다 앞에서 다룬 내용들을 충실하게 수행하는 것이 좋다. 우선 퇴사 면담을 통해서 핵심인재에게 진심을 전달하고 오프보딩이 좋은 기억으로 남도록 적절히 이벤트를 진행한다. 나가는 사람이 팀에 줄 수 있는 부정적인 영향을 최소화할 수 있도록 말이다. 이제부터는 온전히 우리의 몫이다.

중요한 것은 팀원을 대상으로 한 커뮤니케이션이다. 핵심인재가 떠난 이후에도 계속해서 그의 중요성을 인정하라. 덕분에 팀의 성과가 좋았고, 떠나서 너무 아쉽다고 말이다. 이때 제일 피해야 할 행동은 '나갈 사람은 나가고, 남은 사람은 일을 한다' 든지 '크게 개의치 않는다'는 등 어색하게 쿨한 반응을 보이는 것이다. 아쉬운 감정을 회피하지 않고, 빈자리를 인정한 뒤 새로운 길을 모색하는 것이 더 일관되고 자연스러운 반응이다.

무엇보다 '남은 사람들'이라는 말을 쓰지 않기를 바란다. 탈출한 사람이 승리한 것 같은 감정을 부추기는 쓸데없는 표현이다. 대신 우리의 목표와 비전이 본체임을 상기시키려면, '우리'라는 단어를 강조하라. 다시금 우리의 목표를 짚고, 역할을 재조정한다. 그리고 핵심인재 없이도 바로 달성 가능한 작은 성공을 목표로 하라. 그러면 팀은 나간 사람에 집중하기보다, 각자의 역할에 집중할 수 있는 좋은 계기를 갖게 된다. 애써 슬픈 기억을 지우려고 하기보다, 좋은 기억을 새롭게 이식하는 것이 더 효과적이다.

조직의 불안감을 잠재우는 법

그런데 만약 팀원들의 줄퇴사가 발생한다면 어떻게 해야 할까? 이는 핵심인재가 퇴사한 이후에 팀원들의 사기가 저하된 것을 리더가 미처 캐치하지 못했거나, 캐치했더라도 손을 쓸 수 없는 경우일 수도 있다. 꼭 회사만이 아니라 스포츠팀에서도 왕왕 발생하는 일이다. 에이스 선수가 떠나면서 멘탈이 흔들린 나머지 선수들이 그 팀을 탈출하려고 하며 러시가 발생하는 이치와 똑같다. 핵심인재가 우리 팀을 떠났다는 사실에 마치 우리 팀이 이제 침몰하는 배가 된 것 같아 불안감이 가중됐을 것이다. 앞서 신뢰자원 파트에서 이야기한 것처럼 사람들은 불안을 과장하는 경향이 있다. 핵심인재가 떠났더라도 그의 빈자리를 우리가 메꿀 수 있다는 리더의 말도 거짓말이라고 생각하게 될 것이다.

이런 상황에서는 리더가 정신을 똑바로 차리고 중심을 잡는 수밖에 없다. 괜히 이 상황을 타개하려 내 편과 아닌 편을 구분하려 들거나, 역량이 모자란 사람에게 무리하게 선임 역할을 시키거나, 보상을 올려주며 조직의 안정화를 꾀하는 식의 대응은 장기적으로 좋지 않다. 리더는 아래의 핵심 요소들을 다시 한번 점검하고 최선을 다해서 팀원들을 잡아야 한다.

- 핵심인재가 나가기로 결정됐다면, 그가 말한 퇴사의 원인 이면에 어떤 실제 이유가 있는지 한 번 더 물어본다.
- 근본적인 원인을 당장 해소할 방법이 있는지 생각해 본다.
- 당장 해소할 수 없다면, 장기적으로 해소할 방법을 찾아 팀원들과 공유한다.
- 팀원들의 눈치를 보기보다는 인정, 칭찬, 피드백을 적극적으로 건네며 그들의 성장에 집중한다.

만약 이와 같은 방법으로도 조직의 분위기를 안정시키기 어렵다면, 빠르게 인사팀과 이야기해 인력 충원을 동시에 진행해야 한다.

안타깝지만 퇴사의 첫 번째 이유는 리더에게 있다. 줄퇴사가 이어지고 있다면 리더의 역량이 부족하기 때문일 가능성이 매우 높다.

이런 경우 무기력해지거나 자괴감을 느끼며 리더 역할을 내려놓고 싶어지기 십상이다. 그러나 우리는 다행히 이 책을 읽으면서 미래에 닥칠 위험들을 미리 대비하고 있다. 다음 장에서는 훌륭한 조직의 리더십은 어떤 것인지에 대해 살펴볼 예정이다. 이미 어려움을 겪고 있는 독자라 할지라도, 다시 원칙과 기본에서 시작한다는 마음으로 다음 장을 읽기를 바란다. 날 때부터 잘하는 리더는 없다.

> **For 팀장**
>
> ### 아니, 나갈 사람을 잘 챙겨주라니?
>
> 당신의 섭섭함을 매우 잘 이해한다. 기껏 팀을 안정화시켰더니 퇴사자가 구성원들의 불안감을 가중시키는 것 같아 원망스럽기도 할 것이다. 특히 과거 어떤 조직을 떠날 때 문전박대당했거나 당신을 대하는 조직의 태도가 한번에 바뀌었던 경험이 있다면, 왜 잘해줘야 하는지 억울함도 있을 것이다.
>
> 그러나 이별도 구성원 관리의 일부임을 잊지 말자. 우리는 구성원들에게 긍정적인 장면들을 선사해 주고자 노력한다. 채용 단계에서는 우리 회사를 좋게 보고 지원하게끔 유도하며, 면접장에서도 예의를 갖춘다. 온보딩으로 회사에 잘 적응하도록 도와주고, 매번 원온원을 통해서 동기부여를 도왔다. 그런데 나가게 됐다는 이유만으로 그를 대하는 태도가 180도 변한다면, 그는 물론이고 주

변의 동료들도 당신과 팀, 회사에 큰 실망감을 느끼게 된다. 여기서 핵심은 왜 그를 붙잡지 못했는가가 아니다. 우리 팀의 색채를 대변했던 이가 떠날 때 어떤 대우를 받는지가 지금 구성원들을 추후 어떻게 대할지를 예측하게 해주는 지표라는 사실이 핵심이다. 이와 관련해서 하나의 사례를 더 들려주고 싶다. 더스틴 니퍼트라는 야구선수가 있다. 두산베어스의 부흥기를 이끈 주축이었다. 그러나 그가 갑자기 재계약이 되지 않은 상태로 타 구단으로 떠나게 됐다. 그리고 1년을 더 뛴 후 은퇴했다. 당시 두산 팬들은 왜 니퍼트의 은퇴식을 열어주지 않는지 성토했다. 몇 년이 지나 〈최강야구〉라는 프로그램에 니퍼트가 출연하며 다시 화제가 되자, 구단은 결국 니퍼트의 은퇴식을 열어줬다. 타이밍은 매우 늦었지만 구단을 대표하는 전설적인 선수에 대한 예우를 갖췄다는 점에서 팬들은 환영했다. 이렇듯 인재를 진심으로 아낀다면, 그의 마무리 여정도 굉장히 신경을 써줘야 한다. 여태까지 성의 없이 내보냈던 퇴사자가 있는가? 만약 그의 인성과 성과가 나쁘지 않았다면, 지금이라도 연락해서 좋은 관계를 유지해 보는 것을 추천한다.

핵심 Pick

- **온보딩의 핵심과 목적은 신규입사자의 빠르고 완벽한 적응이다.**
- **버디는 신규입사자를 도와주는 동료로, 새로운 업무 공간에 적응하기 위한 일부터 정보 접근과 같은 일하는 방식을 알려주는 중요한 존재다.**
- **온보딩 버디 역할을 맡게 된 구성원은 원래의 업무를 줄여줘야 한다.**
- **오프보딩의 긍정적인 경험은 잠재적 채용, 협업 기회, 신뢰자원 구축 면에서 장점이 있다.**
- **퇴사 면담은 퇴사 확정 전에 실시하라. 이때는 진심을 보여주는 것이 중요하다.**

Take Control
리더가 직접 챙겨라

미친 성장세를 유지하기 위한 점검 사항

7 리더십

**리더의 실무는
사람이다**

사람이 조직을 떠나는
진짜 이유

퇴사 희망자들은 저마다 다른 이유로 조직을 떠나고자 한다. 다른 회사에서 처우를 개선해 준다거나 역할이 확장되는 등 이점이 있다면 이직은 거절할 수 없이 매력적이다. 그런데 종종 처우가 심지어 더 안 좋아지는데도, 혹은 역할이 축소되는데도 이직을 하고 싶어 하는 경우가 있다. 이 경우 퇴사 면담을 진행해 보면, 실제 이직 사유는 다른 데 있다.

그중 단연 1등은 리더십 문제라고 할 수 있다. '리더가 내 업무를 중요하게 여기지 않는다', '내 커리어에 무관심한 것 같다', '본받을 점이 없다'는 단골 멘트다. 보상이 마음에 들지 않아 떠나려고 하는 인재는 충분한 협상을 통해 남기는 데 성공할 가능성이 꽤 크다. 하지만 리더십이 문제라면 사실상 해결할 수 없다. 다른 조직으로 이동하지 않는 한, 그 리더를 떠나기 어렵기 때문이다. 작은 조직이라면 부서 이동도 어렵다.

'리더'라는 퇴사 사유

다음은 구성원들이 리더로 인해 퇴사하는 대표적인 사례들이다.

1. 입사동기가 리더로 선임되는 경우

리더 직급에 욕심을 내고 있던 똑똑한 팀원이 자기보다 못하다고 생각했던 동기가 먼저 리더가 되자 힘이 빠지는 경우다. 이때 더욱이 그 팀의 리더가 된다면 상황은 더욱 어려워진다. 선임 과정에서 이유가 충분히 설명이 되지 않았다면, 정치적인 이유가 있다며 공정하지 못하다고 생각할 수도 있다. 리더로 선임되고 나더니 기세등등해진 것 같아 더 꼴보기 싫어져 퇴사하고자 한다면, 이는 상대가 유능하건 말건 크게 상관이 없다.

2. 외부자가 리더로 채용되는 경우

외부에서 온 리더의 면접 과정에 대부분의 팀원이 참여하지 못했다. 입사한 리더가 우리 회사와 팀의 문화에 대해서 잘 모르는 채로 의사결정하는 것이 보여 점점 걱정된다. 조직의 문화는 그렇다 치고, 역량이 좋은지도 잘 모르겠다. 무엇보다 본인이 하는 일은 없고 시키기만 해서 불만이다. 칭찬이나 인정은 없고, 본인의 잣대가 높다는 사실에 취해 팀의 업무가 가중되는지도 모르는 것 같다. 리더가 없었을 때가 더 낫다는 생각에 퇴사 욕구가 솟아오른다.

3. 리더가 100명 이상의 평가·보상 권한을 가진 경우

기껏해야 6개월에 한두 번 말해볼까 말까 하는 사람이 나를 평가하고 보상을 결정한다. 동료 평가를 취합한다고는 하지만 어차피 결정은 리더가 하는 것 아닌가. 뚜껑을 열어보니 역시나 내 결과는 전혀 인정해 주지 않는다. 내 역할 대비 성과가 너무 당연하다고 한다. 연봉 협상 면담을 나온 뒤에 바로 이직처를 알아보기 시작했다.

4. 잘 따르던 리더가 급작스럽게 교체된 경우

기존 리더가 멋진 비전을 세우고 팀을 잘 이끌다가 돌연 다른 사람으로 대체됐다. 인사팀에서는 내부 사정이라서 그 이유를 잘 모른다며 알려줄 수 없단다. 새로운 리더는 비전을 잘 이어가겠다고 했지만, 그보다 리더가 바뀐 이유에 대한 풍문이 더 무성하다. 그런데 새로운 리더는 우리 팀의 업무를 처음 해본단다. 소문을 들어보니 경영진의 총애를 받는 사람이라고 한다. 내가 배울 점이 있을지 걱정된다.

이렇듯 리더십과 관련된 많은 이슈는 구성원의 잔류에 직접적인 영향을 준다. 사람들이 늘 불만을 갖는 보상 문제보다 더 강력한 퇴사의 트리거가 바로 리더십 이슈다. 때문에 리더십 프로세스를 미리 공고히 하고 체계를 갖춰놓는 것은 단단한 조직을 만드는 데 필수적인 투자다.

리더십의 첫 단추
사람 중심의 소통 전략

"리더가 원온원을 할 때 자기 얘기만 하고 내 말은 듣지도 않는 것 같아요."

어느 날 어떤 팀원이 내게 한 말이다. 알아보니 그 팀원의 팀장이 제일 많이 쓰는 말이 있었다.

"그래서 내가 어떻게 도와줄까? 어떤 게 문제야?"

그는 문제 해결을 잘하는 개발자 출신이었다. 개발자 직무를 수행하지 않더라도, 팀원을 문제 해결의 관점으로 대하는 팀장이 굉장히 많으리라 생각한다. 그도 그럴 것이, 문제 해결을 잘하기 때문에 리더가 됐을 것이기 때문이다. 그것이 그들의 장기이자 성공 방정식이다. 때문에 팀의 성과를 이끌어내기 위해서도 그 장점을 발휘하고자 한다. 팀원들의 이야기도 자신이 해결해 줘야 하는 '문제'로 인식한다. 리더십의 첫 단추가 여기서부터 잘못 꿰어진다.

여기에 해당하는 리더에게는 안된 일이지만 팀원들은 자신의 문제를 해결해 달라는 의도로 이야기하지 않는 경우도 많다. 본인은 그저 고민을 이야기했을 뿐인데, 리더에게 '문제'로 인식된다고 생각해 보라. 바로 눈치를 보게 되고 대화는 점차 줄어든다.

탁월한 리더는 '사람 중심'의 언어로 소통한다. 이는 곧 이해와 공감을 바탕으로 구성원의 감정과 선택을 존중하는 데서 시작한다. 내가 인상 깊게 본 예능 프로그램의 한 장면이 있다. MBC의 〈놀면 뭐하니〉에서 배우 이이경이 사표를 내고자 하는 신입사원을 말리는 인사팀장의 역할을 수행했다. 신입사원은 능력이 좋은 친구지만, 선배들의 시기질투와 견제로 지쳐있는 상황이었다.

신입사원 (사직서를 건네며) 팀장님, 저 더 좋은 회사로 이직할 계획입니다. 저는 아직 나이도 어리고 직무에 있어서 충분히 능력이 있다고 생각하는데, 이를 발휘할 환경이 아닌 것 같습니다.

인사팀장 으음… 사직서구나. 근데 난 네가 그럴 줄 알았어. 너 요즘 고민이 굉장히 많은 것 같더라고. 어려움이 많았지?

신입사원 네. 저보다 연차도 높으시고 너무 보수적인 집단이라는 생각이 듭니다.

인사팀장 그래. 내가 그래서 너한테 어떤 말을 해줄까 마침 고민하고 있었는데, 고맙다. 사직서로 이렇게 얘기할 수 있는 기회를 만들어줘서 참 고마워. 너의 부족함 때문이라거나 다른 곳에서 꿈을 더 펼치기 위한 퇴사라면 난 그건 박수를 쳐주고 싶어. 하지만 조직 내의 사람 관계 문제로 퇴사한다면 그건 네가 회피하는 걸 수도 있어. 생각해 봐. 관계가 안 좋은 사람들을 네 편으로 만드는 재미도 있다? 그게 잘됐을 때의 쾌감은 네가 이 프로젝트를 성공시킬 때보다 더 커. 그렇게 되면 네가 이 사람들을 아우르는 건데? 그럼 네가 이긴 거지. 그 다음에 연차가 차서 다른 회사로 간다면 내가 오히려 추천해 줄 거야. 어때?

신입사원 음… 사직서를 취소하겠습니다.

이 역할극을 보고 관계의 문제를 개인에게 돌린다고 비난하는 사람이 있을 수도 있다. 그러나 우리가 눈여겨봐야 하는 것은 이 대화의 갑작스러움과 리더의 대처 방식이다. 대개 리더들은 이런 식의 어려운 면담을 갑자기 마주하게 된다. 그리고 이때 당황한 리더들이 제일 많이 던지는 질문이 "왜?"다.

"너 요즘에 고민이 굉장히 많은 것 같더라고", "너한테 어떤 말을 해줄까 마침 고민하고 있었는데, 고맙다. 이렇게 얘기할 수 있는 기회를 만들어줘서" 같은 대사는 특히 인상적이다. 갑작스러운 상황임을 감안하면 인사팀장 이이경의 소통 전략은 훌륭했다고 생각한다. 짧은 순간이지만 신입사원의 감정을 읽으며 사람 중심의 언어로 말했다. 당장 솔루션을 주려고 하기보다 우선 공감부터 해주는 것은 경청의 중요한 방법이기도 하다.

경청의 3요소

보통 리더들은 구성원들이 말할 때 마음속으로 '내가 무슨 말을 해줘야 할까'라는 생각에 사로잡힌다. 이는 경청을 방해하고, 역설적으로 팀원의 문제를 더 해결하기 어렵게 만든다. 이때 경청의 3요소를 기억하자. 좀 더 원활하게 대화를 이어나갈 수 있다.

집중: 상대의 말을 반복하라

말 그대로 상대방의 말에 집중하는 것이다. 이때 두세 번 정도 상대방의 말을 따라 해주는 방법을 추천한다. 예를 들어 "저 퇴사하려고 합니다"라는 말에는 "아, 퇴사하려고요?" 하며 상대의 말을 있는 그대로 반복하는 식이다. 이는 내가 집중하기 위함이기도 하지만, 상대방에게 내가 집중하고 있다는 사실을 보여주는 방법이기도 하다. 다만, 반복이 너무 잦으면 자칫 비꼬는 듯한 태도로 비칠 수 있으니 집중이 본질이라는 사실을 잊지 말자. 일단 스마트폰을 치우고, 눈을 맞추고, 고개를 끄덕이며, 말하는 와중에 끼어들지 않는 것이 중요하다.

공감 : 공감하려는 태도가 중요하다

감정에 대한 단어를 많이 알고 있으면 좋다. 단순히 기쁘다는 말보다, 고무적이다, 희망적이다, 흥분된다, 홀가분하다 등의 다양한 표현이 많다. "말씀을 들어보니 너무 절망적이었겠어요. 정말 열심히 헌신했는데, 회사에 억울하고 서운한 마음도 있을 것 같습니다"라고 표현해 보는 것이다. 물론 상대가 느꼈을 감정에 100퍼센트 다가갈 수는 없지만 공감하려는 태도가 중요하다. 다만 주의할 점은 상대방의 의도를 쉽게 넘겨짚지는 말아야 한다는 것이다. 예를 들어 "저 사람 관계가 힘들어서 퇴사하려고 합니다"라는 말에 "아, 그 팀장님이 좀 빡세죠" 같은 답은 적절하지 않은 답안일 수 있다.

맥락 파악: 내게 말하는 이유를 찾아보라

가장 중요한 파트다. 상대가 그 말을 내게 꺼낸 이유를 찾아보자. 우리는 취조실에 있는 것이 아니다. 때문에 찾아온 이유를 캐내려고 하기보다 상대가 먼저 말하게 하는 것이 가장 좋다. 추측은 잡생각을 만들어 경청을 방해한다. 이때 추천하는 방법이 침묵이다. 대화할 때 정적이 흐르면 굉장히 멋쩍어하는 경우들이 있다. 그러나 리더가 약간의 침묵만 견디면 팀원이 먼저 자신의 의도를 꺼낼 때가 있다.

또 다른 방법으로는 포괄적인 상황에 대해서 질문하는 것이다. "제가 좀 갑작스럽게 들어서 좀 더 잘 이해하고 도움을 드리고 싶어서요. 언제부터 그런 생각이 강해졌는지 여쭤봐도 될까요?", "주변에 도움을 요청한 다른 분이 또 있나요?", "혹시 제가 도움을 드릴 수 있다면 어떤 부분에서 제일 받고 싶을까요?" 등의 질문을 던지는 것이다. 제일 경계해야 하는 것은 다짜고짜 "왜요?"라고 반문하는 것이다.

리더십 체크리스트
다섯 가지 기본 역할

의외로 리더가 무엇을 하느냐에 대해서 합치된 그림이 없는 경우가 많다. 특히 수평적인 문화를 표방하는 기업일수록 리더에게 권한은 없고 책임만 있는 경우가 있다. 그러나 자율 및 수평 문화일수록 리더의 역할은 권한을 기반으로 강력히 설계돼 있어야 한다. 적절한 권한과 함께 리더가 해야 하는 것, 할 수 있는 것이 포함된 역할이 먼저 규정돼야 한다.

'리더의 역할'이라는 영역에는 공통성과 고유성이 모두 존재한다. 시대와 장소를 불문하고 리더에게 요구돼 온 공통적인 역할이 있다. 리더의 가장 중요한 역할은 조직의 성과를 높이는 것이다. 성과를 높일 수 있도록 환경을 조성하고 때로는 본인이 직접 진두지휘하며 결과를 창출해 낼 수도 있다. 전자를 흔히 '발코니에 올라간다'고 표현하고, 후자를 '무대로 내려온다'고 비유한다. 정말 탁월한 리더는 언제 발코니에 올라갈지, 언제 무대로 내려갈지를 유연하게 판단할 줄 안다.

예컨대 축구감독이 책임지는 팀의 성과란 높은 순위 혹은 우승이다. 이를 위해서는 팀의 목표를 정하고 좋은 선수를 영입해야 한다. 선수들의 기량, 건강, 멘탈 관리에도 힘써야 한다. 전술도 짜야 하고, 이를 경기 결과에 따라 변경하기도 해야 한다. 이처럼 리더들은 팀이 좋은 성과를 낼 수 있도록 아래의 과업을 공통적으로 수행한다.

모든 팀장의 공통 과업

1. 팀의 목표 설정

도전적이지만 동시에 성취 가능한 수준의 목표를 잘 설정해야 한다. 목표가 너무 높을 경우 낮은 보상으로 이어져 팀원들의 사기가 떨어지기 쉽다.

2. 인력 관리

목표를 향해 나아가는 과정에서 팀원의 중도 이탈이나 예기치 못한 일들이 항상 발생하므로 유휴인력 및 지속가능성을 고려해 인력 계획을 짜야 한다. 새로운 팀원이 필요하다면 인사팀에 이야기해 우리 팀에 우선적으로 배치될 수 있도록 항상 신경 쓴다. 인원 충원에 걸리는 시간도 고려해야 한다. 면접에 직접 참여해 실력 좋은 인재를 데려오는 것도 중요하다.

3. 개별 팀원의 성과 관리

일시적으로 기량이 떨어지는 팀원이 있을 수도 있다. 혹은 지속적인 코칭을 통해서 성과를 끌어올려야 하는 저성과자 팀원도 있을 수 있다. 개별 팀원들의 동기, 역량, 문화적합성을 평상시에 면밀히 관찰해 파악한다. 그리고 성과 평가 결과에 따라 적절한 개선을 위한 실행 과제를 제시할 수 있어야 한다. 이 과제를 수행하는 과정에서 팀장들은 더 보충이 필요한 역량에 대해 트레이닝을 시켜주거나 혹은 스스로 답을 찾을 수 있도록 적절한 질문을 던져 코칭을 해준다.

저성과가 장기간 이어진다면 인사팀과 논의해 저성과자 프로그램에 참여시킨다. 때에 따라서는 조직과 이별해야 할 수도 있다. 반면에 고성과자는 리더 후보자 명단에 넣고 더 큰 역할을 줄 수 있도록 준비한다. 이런 과정을 '승계자 양성'이라고 한다. 승계자를 양성하는 것도 리더의 중요한 할 일 중 하나다.

4. 핵심가치 롤모델 되기

회사의 핵심가치는 성과를 창출하는 방정식이다. 팀장이 먼저 핵심가치의 모범을 보여야 한다. 가장 중요한 것은 언행일치다. 일관성이 지속될 때 신뢰가 쌓인다. 의사결정과 실행의 기준을 계속 핵심가치와 일치시키도록 노력한다. 때에 따라서 그렇게 할 수 없는 순간도 있다. 그럴 때는 2장에서 설명한 신뢰의 원칙에 따라 그럴 수밖에 없는 이유를 투명히 공개하라. 가령 고객을 우선한다는 핵심가치가 있는데 회사의 이익을 극대화하기 위해서 고객의 혜택을 축소해야 하는 경우가 있을 수도 있다. 이 결정을 억지로 핵심가치에 끼워 맞추기보다 이번에는 이런 선택을 할 수밖에 없었던 이유를 설명하는 편이 낫다.

또한 팀장이 보기에 특히 성과가 좋고 마음이 가는 팀원이 있기 마련이다. 그런 팀원들을 인정할 때는 그 근거를 핵심가치로 치환해서 말해주면 좋다. 상대의 행동이 핵심가치 쪽으로 더 강화될 것이다. 그뿐만 아니라 주변의 인정욕구가 있는 팀원들의 행동도 핵심가치 쪽으로 강화되니 일석이조다.

5. 팀의 그라운드룰 세팅

핵심가치 외에 팀의 고유한 특성에 따른 그라운드룰이 필요하다면 팀원들과 합의한다. 합의된 룰이 마련되면 팀원들 간에 협업이 원활해지는 기반이 조성된다. 예컨대, '우리 팀은 재택근무를 일주일에 두 번 이상 하지 않는다'거나, '퇴근할 때는 인사하지 않는다' 등의 룰을 정할 수 있다.

앞의 다섯 가지 외에도 회사별로 필요한 역할을 추가할 수 있다. 그러나 팀장 고유의 역할이 많아질수록 실무의 비율은 반드시 낮춰야 한다는 것을 잊지 말자. 실무를 놓기 싫어하는 팀장들이 역할의 중압감에 눌려 개인 성과와 팀 성과 모두 놓치는 것을 흔히 볼 수 있다.

리더십과 소통
효과적인 원온원 방법

리더는 구성원의 이야기를 경청해야 한다. 조언과 피드백을 주고 빨리 문제를 해결하고 싶은 마음은 이해하지만, 원온원에서 구성원보다 더 많이 말한다면 올바른 원온원이 아니다. 구성원들의 말을 먼저 들어라. 듣다 보면 그들이 답을 스스로 알고 있는 경우도 있다. 또한 리더가 조언해 주려던 분야가 그들의 진짜 고민이 아닐 수도 있다. 리더는 진정으로 조언을 부탁받았을 때와 그저 자기 말을 들려주고 싶을 때를 잘 구분해야 한다. 상황에 따라 경청하며 목표에 도달할 수 있게 도와주는 코치가 되거나, 그들이 진정 필요로 하는 조언을 건네줄 수 있는 조력자가 돼야 한다.

원온원의 목적: 코칭인가, 트레이닝인가

요즘 많은 리더가 원온원의 필요성을 절감하는 것 같다. 그 때문인지 원온원 잘하는 법에 대한 책이나 콘텐츠, 서비스가 많이 나오고 있다. 그러나 방법론보다 중요한 것은 원온원의 목적이다. 3장에서 봤던 역량과 동기의 프레임워크를 다시 살펴보자.

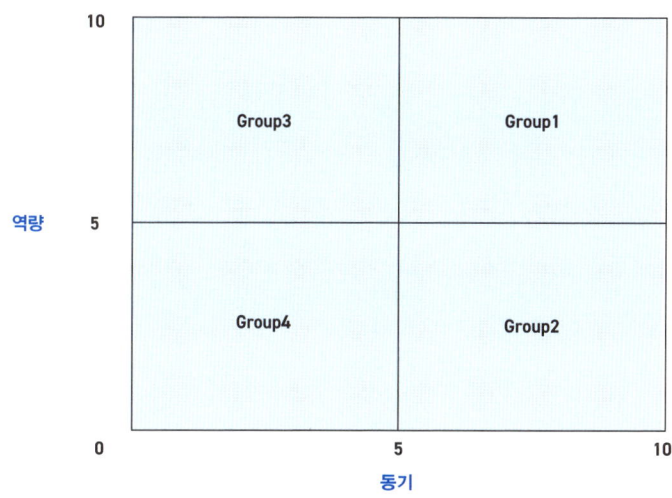

모든 그룹의 원온원 목적이 같을 수 있다고, 혹은 같아야 한다고 생각하는가? 나는 그룹별로 원온원의 목적이 달라져야 한다고 생각한다. 그 이유를 이야기하기 위해 코칭과 트레이닝의 목적과 그 차이에 대해서 살펴보고 싶다.

코칭 Coaching 과 트레이닝 Training 이라는 단어를 떠올려보면 각각의 목적을 쉽게 구분할 수 있다. 우선 트레이닝의 어원 'Train'은 기차를 뜻한다. 코칭의 'Coach'는 아마도 가방 브랜드의 이름으로도 많이 알고 있을 텐데, 그 로고를 확인하면 마차 그림을 볼 수 있다. 결국 기차와 마차의 차이를 떠올리면 되는 것이다.

기차는 가는 길에 이미 철로가 깔려있어서 정해진 도착지가 있지만, 마차는 도착지를 고객이 정한다. 따라서 트레이닝은 정답지가 있는 영역에서 팀원이 그에 완벽하게 부합하도록 만드는 것이고, 코칭은 팀원이 스스로 정답을 찾을 수 있도록 도와주는 것이다.

HRBP 일을 하면서 팀장들에게 역량이 낮은 팀원은 어떻게 코칭을 해야 하느냐는 고민을 많이 들었다. 그럴 때마다 그런 팀원은 코칭보다는 트레이닝을 시켜줘야 한다고 대답했다. 코칭으로는 개선까지 도달하는 데 하세월이 걸릴 것이 뻔하기 때문이다.

이제 우리가 살펴본 코칭과 트레이닝의 차이를 염두에 두며 네 그룹의 원온원 목적이 어떻게 다른지 생각해 보자.

Group1: 코칭과 피드백

이 그룹은 문제나 위기에 봉착해도 스스로 답을 찾을 가능성이 높다. 역량도 뛰어나며, 더 성장하고자 하는 동기도 충분하기 때문이다. 코칭과 함께 적절한 피드백을 준다면 원온원 시간을 더 풍부하게 꾸릴 수 있다.

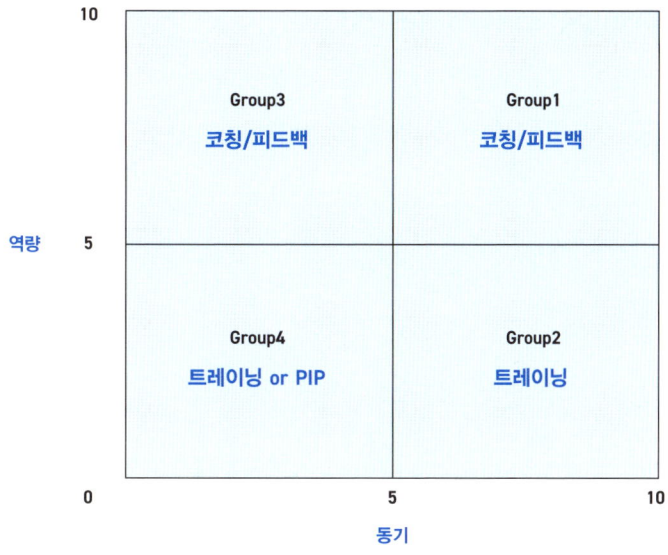

Group 3: 코칭과 피드백

역량은 높으나 동기가 낮은 그룹은 본인이 왜 그 동기를 잃어버렸는지 답을 찾을 수 있게 도와줘야 한다. 앞서 3장에서 살펴본 것처럼 리더십 과제를 주고 동시에 피드백도 함께 제공하면서 원온원 시간을 더욱 효과적으로 가질 수 있다.

Group2: 트레이닝

동기는 높으나 역량이 낮은 그룹이다. 이들에게는 일을 잘하는 방법을 알려줘야 한다. 그러려면 어느 정도 정답지 수준에 근접하도록 도움을 줘야 할 것이다. 따라서 트레이닝이 가장 좋은 원온원의 주제가 된다.

Group4: 트레이닝 혹은 PIP

코칭이 가장 효과적이지 않은 그룹이다. 이 그룹의 경우 트레이닝을 통해 역량을 끌어올리는 작업이 필요하고, 만약 제한된 기한 안에 개선될 필요가 있다면 원온원을 저성과자 개선 프로세스PIP, Performance Improvement Program를 진행하는 수단으로 삼는 것도 좋은 방법이다.

원온원의 이상적인 프레임워크

한 달에 한 번, 60분 동안 원온원을 진행한다고 가정하면 아래의 일곱 단계가 가장 이상적인 구조다. 물론 앞서 살펴봤듯 원온원의 목적이 코칭이냐 트레이닝이냐에 따라서 각 질문에 할애하는 시간은 달라져야 한다.

원온원 프레임워크

1. 아이스 브레이킹

"요즘 개인적인 삶은 어떻게 보내고 계세요?"(5분)

만약 팀원이 개인적인 어려움을 이야기하기 시작한다면, 추가적인 인사면담을 잡는 편이 좋다. 만약 오늘 원온원에 집중할 수 없다고 한다면, 바로 인사면담으로 주제를 변경해도 좋다.

2. 성장 회고

"지난 한 달 동안 잘된 일에 어떤 것들이 있는지 궁금해요", "아쉬웠던 건 뭐예요?"(10분)

3. 근미래의 목표

"이번 반기의 성장 목표 대비, 현재는 어떤 수준이에요?", "다음 한 달 동안의 목표는 무엇인가요?"(10분)

4. 블로커

"그 과정에서 블로커가 있다면 무엇일까요?", "현재 컨디션이나 업무 강도는 어떤 수준이에요?", "재분배가 필요한 일이나, 제가 참고할 만한 블로커가 무엇일까요?"(10분)

5. 관계

"팀의 문화, 동료와의 관계에 대해 어떻게 생각하는지 궁금해요. 저는 우리 팀의 문화가 이렇다고 생각하는데 실제로 지내기에는 어떤가요?"(10분)

6. 리더↔팀원 피드백

"제가 지난 성과에 대해서 피드백을 좀 드리고 싶은데요", "지난번 팀 회의 때 용기 있게 이야기해 줘서 너무 고마웠어요", "제게 부탁하거나 피드백 줄 것 있을까요?"(10분)

7. 자기인식
"오늘 이야기 한번 정리해 줄 수 있어요?", "새롭게 얻은 게 있을까요?"(5분)

　위의 일곱 단계를 모두 기억하기 어려울 수 있다. 따라서 전체적인 맥락과 흐름만 기억하기를 바란다. 개인적인 이야기로 가볍게 분위기를 풀고, 바로 성장을 주제로 과거, 현재, 미래에 대해 이야기를 나눈다. 팀 생활에 대해 물어보고, 피드백을 전달한 뒤 정리해 달라고 한다. 개인→성장→팀→피드백→자기 정리의 순서다.

　원온원을 진행하는 리더에게 강조하는 전제로는 두 가지가 있다.

　첫째, 팀원이 스스로 안건을 가져오게 해야 한다. 스스로 원온원의 구성을 꾸릴 수 있어 효능감이 높아지기 때문이다. 다만 원온원의 프레임워크를 팀원들에게 미리 공유하고, 그것에 맞춰서 준비해 오라고 부탁해야 한다. 원온원은 자유롭거나 사사로운 시간이 아니기 때문이다. 바쁜 비즈니스 세계에서 서로의 생각을 합치시키고, 더 나아질 수 있는 부분을 모색하기 위한 시간이다.

　둘째, 팀장이 발화하는 시간의 비중을 기억해야 한다. 만약 팀장과 팀원이 1.8 : 0.2의 비율로 발화한다면 이것을 원온원이라고 부르기 민망하다. 차라리 팀장의 원맨쇼 시간이라고 불러야 마땅할 것이다. 따라서 팀원의 이야기가 최소 50퍼센트 지분을 차지해야 한다는 점을 잊지 말자. 앞서 살펴본 경청의 3요소를 기억하고, 내가 말하고자 하는 바보다 먼저 팀원이 말하고자 하는 바를 들어보자.

원온원이 단순 티타임이 되기를 바라는가, 아니면 생산적인 소통 과정이 되기를 바라는가? 팀장에게 시간은 금이다. 원온원을 진행할 때는 팀원과 친해지려 하지 마라. 철저하게 상대의 성장을 돕는 목적으로 진행하라. 스스로 성장할 수 있게 자극을 주고, 어떤 환경을 지원할 필요가 있는지 체크하라.

리더십 강화
메타인지로 약점을 관리하라

직장인의 적성 및 심리 검사와 코칭을 전문으로 하는 40FY의 대표 문우리는 유튜브 채널 '인사이드앤써'에서 메타인지를 '거울을 통해서 자신을 들여다보는 행위'에 빗대어 이야기했다. 이 말인즉슨 자신을 주관적으로 판단하지 않고 있는 그대로 받아들이는 능력이 곧 메타인지인 것이다. 간혹 사람들이 타인에게 메타인지가 부족하다고 말하고는 한다. 당신은 무언가가 부족한데, 그것을 모르고 너무 자신한다며 부정적인 뉘앙스로 쓴다. 하지만 메타인지는 주관적인 판단을 섞지 않고 자신이 잘하는 것과 못하는 것을 중립적으로 인지하는 능력이기에 리더에게는 필수적인 역량이 된다.

리더들은 저마다 강점이 다양하고, 여기에는 정해진 답이 없다. 자신이 어떤 것을 잘하는지 강점을 인식하고 계속해서 갈고 닦는 것이 매우 중요하다. 그러나 여러 사람에게 영향을 미치는 역할이다 보니 특히 스스로의 약점을 인식하는 능력도 매우 중요하다.

사람은 궁지에 몰려 극한의 스트레스를 받으면 성격의 특수한 면이 발현된다. 유형에 따라 크게 회피형, 저돌형, 의존형 세 가지로 나눌 수가 있다. 이것들은 리더십의 실패 요인이 되기도 하는데, 좋은 리더가 되기 위해서는 약점을 잘 인지하고 관리해야 한다.

팀원들도 리더가 어떤 순간에 약점을 드러내는지 알고 있다. 이때 스스로를 통제하기 위해 노력하는 모습을 보여준다면 오히려 인간미와 경외감을 자아낼 수 있다. 이렇듯 약점을 통제하기 위해서는 먼저 약점을 인식해야 하는데, 이때 주변 팀원들의 피드백을 참고하는 것도 좋지만 전문적인 진단을 받아보는 편이 훨씬 효과적이다. 시중에 여러 가지 진단이 있으니 그중 자신의 조직에 맞는 것을 선택해서 진행해 보기를 추천한다. 자신에 대해 생각하는 것보다 거울을 통해서 자신을 바라보는 것이 더 중립적이기 때문이다.

호건 리더십 진단

그중에서도 호건 리더십 진단은 매우 유용한 툴이다. 리더십을 평상시 개인의 성격 Bright side, 스트레스 상황에서의 약점 Dark side, 개인이 중시하는 가치관 및 조직 적합도 등 세 가지 측면으로 분석한다. 보통의 리더십 진단은 스스로가 바라보는 자기 자신을 분석해 준다. 하지만 호건 리더십 진단은 자신과 비슷하게 응답한 사람들의 주변인들에게 조사한 평판 데이터를 기초로 한다. 스스로 생각하는 가치관은 밖으로 발현되지 않을 수 있으며, 정확하지 않을 수 있다는 신념에 기반한 진단이다. 크게 다음의 세 가지를 분석할 수 있다.

첫 번째는 HPI$^{Hogan\ Personality\ Inventory}$로, 이는 개인이 일상적인 상황에서 어떻게 행동하는지를 측정한다. 리더십 성장에 기여할 수 있는 강점과 잠재력을 평가하며, 외향성, 안정성, 신중성, 타인 중심성, 개방성 등의 요소를 다룬다.

두 번째는 HDS$^{Hogan\ Development\ Survey}$로, 이는 스트레스나 압박을 받는 상황에서 나타나는 개인의 리더십 약점과 문제 행동을 평가한다. 이러한 성격 경향은 리더십 실패나 관계 문제를 유발하는 요인으로 작용할 수 있다. 예를 들면 과도한 의심, 자기중심적 태도, 회피 성향, 지나친 경쟁 등이 이에 해당한다.

마지막으로, MVPI$^{Motives,\ Values,\ Preferences\ Inventory}$는 개인이 중시하는 동기와 가치, 직업적 관심사를 평가한다. 이를 통해 개인이 어떤 환경에서 더 동기부여되고 성과를 내는지 파악할 수 있다. 인정, 권력, 소속감, 이타주의 등 다양한 가치 요소를 기반으로 구성돼 있다.

호건 디브리프 진단은 자격을 취득한 사람만이 해설해 줄 수 있으며, 디브리퍼를 통해서만 진단을 신청할 수 있다. 혹시 관심이 있다면 내게 메일을 보내주시기 바란다.

약점은 결함이 아니다

진단을 통해서 약점을 파악했다고 리더십이 바로 강화되지는 않는다. 약점이 치명적인 수준이라면 보완하고, 그렇지 않다면 강점을 개발하는 데 더 집중하는 것이 좋은 전략일 것이다.

문화담당자와 HRBP로 일하면서 함께 일하기 어려운 리더를 많이 만났다. 자신이 수행하는 직무의 실무를 잘 모른다는 이유, 경력이 얼마 안 됐다는 이유 등 그들이 나를 차갑게 대했던 이유는 다양했다. 그리고 내 약점은 누군가 내게 호의적이지 않으면 무시당한다고 받아들이며 부정적인 감정을 느끼는 것이었다. 내가 당시에 올바른 메타인지를 가졌다면 어땠을까? 그저 내 사고의 흐름이 이렇구나, 하고 받아들이면 됐을 문제다. 그럼 좀 더 객관적인 시각으로 나와 상대와 상황을 들여다보고 넘어갈 수 있었을 것이다. 하지만 당시 나는 내 모든 약점을 잘못된 것, 고쳐야 하는 것으로 생각했다. 비슷한 상황에 직면할 때마다 쓸데없이 생각이 많아졌고, 이로 인해 에너지 소진이 너무 많아져 금세 피곤해졌다.

호건 리더십 진단 결과에 대해 설명할 때 약점 하나하나에 놀라고 격하게 반응하는 고객이 많다. 과거의 나를 보는 듯하다. 이제 나는 더 이상 약점을 성격적 결함이라고 생각하지 않는다. 대신 있는 그대로 받아들이려고 한다. 스트레스 상황에서 약점이 발현돼 원하지 않는 결과를 얻게 되면, 다음에는 그렇게 하지 말아야지 다짐하고 어깨를 툭툭 털면서 힘을 빼려고 한다. 있는 그대로의 나를 받아들일 때 오히려 리더십이 강화된다는 점이 역설적이지만, 이것이야말로 메타인지의 참의미라는 것을 많은 분이 깨닫기를 바란다.

리더십 마인드

불편함의 역치를 높여라

리더도 사람이다. 사람이라면 누구나 자신과 성격적으로 맞지 않는 사람을 만나면 불편한 감정을 느낀다. 구성원에 대한 개인적 비선호 문제로 고심하는 리더들을 자주 만났다. 상대를 불편해하는 감정이 언행으로 드러날 수도 있다는 것이 이들의 주된 걱정이었다. 내가 예전에 리더로 모셨던 미국인 한 분은 불편한 기색을 굉장히 잘 제어하는 사람이었다. 사석에서 만나보면 여느 한국인 리더와 마찬가지로 팀원들에 대한 선호도가 분명했다. 하지만 선호하지 않는 팀원이 면담을 요청했을 때와 같은 공석에서는 전혀 티가 나지 않았다.

한번은 함께 저녁을 먹으면서 그 비결에 대해서 질문했던 적이 있다. 대답은 간단했다. '훈련'했다는 것이다. 그리고 본인 역시 개인적인 감정이 불쑥불쑥 튀어나올 때가 있어 완벽하지는 않다고 했다.

리더들은 자신이 이끄는 대로 팀원이 따라오지 않을 때 불편함을 더욱 크게 느낀다. 매우 자연스러운 심리현상이지만, 그럼에도 이 불편함을 잘 관리할 때 리더는 더 똑똑한 인술을 발휘할 수 있다. 앞서 든 미국인 리더의 사례, 혹은 누군가에게 강하게 피드백을 줘야 하는 상황, 연봉을 동결해야 하는 상황, 갈등을 조정해야 하는 상황 등 수만 가지의 불편한 상황을 마주하는 것이 리더다. 오죽하면 리더의 높은 연봉이 스트레스와 등가교환 된다고 하지 않는가.

중요한 것은 특정 구성원을 불편해하는 자신의 성격을 탓하기보다 불편함은 자연스러운 감정이라는 사실을 인지하고 이를 과학적으로 훈련해야 한다는 것이다.

불편함을 다스리기 위한 훈련

뇌는 예측 불가능한 상황을 위협으로 판단하는데, 이때 편도체가 그 역할을 한다. 아마도 인간의 오랜 역사에서 자연의 포식자들로부터 해방된 지 얼마 되지 않아 뇌 발달이 따라가지 못한 것 같다. 회사에서는 틀에 맞지 않게 행동하는 사람을 보면 즉각 편도체가 반응하며 '이거 불안한데? 저 사람이 틀린 것 아닐까?'라고 경고 신호를 보낸다.

편도체와 달리 전두엽은 논리적 사고와 감정 조절을 담당한다. 즉, '이성'이라고 생각하면 편하다. 편도체가 '이거 불편해!'라고 경고하면, 전두엽은 이를 분석해 진짜 위협인지 아니면 습관인지 판단한다. 하지만 회사에서는 한시가 급하기 때문에 이성적 사고를 할 시간 따위는 없고, 휘몰아치는 감정에 빨려들어가 버린다.

현대인들에게는 편도체가 일으키는 경고에 전두엽이 대응할 시간이 부족하기 때문에, 스트레스 상황에서 긍정적인 도파민을 만날 확률도 적다. '도파민 중독'이라는 말이 주는 부정적인 뉘앙스와는 달리, 도파민은 긍정적인 호르몬이라고 한다. 도파민은 새로운 것을 배우는 과정에서 기쁨을 느끼게 해준다. 처음에는 불편하더라도 새로운 것을 받아들여 나아지는 경험을 하면, 도파민이 분비되면서 점차 덜 불편해진다. 그러나 이 전제는 전두엽이 작동하는 것이다.

이런 간단한 뇌과학적인 배경지식을 갖고 우리는 훈련을 통해서 불편한 상황을 슬기롭게 넘길 수 있다. '화날 때는 셋을 센다', '일단 자리를 피한다', '심호흡을 한다' 등의 방법은 많이 접해봤을 것이다. 이런 방법들이 공통적으로 목표하는 것은 편도체 너머의 전두엽을 데리고 오는 것이다. 그래서 나는 화가 날 때마다 '전두엽아 오렴' 하면서 호출하는 연습을 꾸준히 했다. 그 결과 열 번을 호출하면 일고여덟 번 정도는 나에게 전두엽이 찾아오는 경험을 했다. 나도 더 연마할 부분이 있지만, 이렇게 한 번 두 번 연습하다 보면 필연적으로 맞이하는 불편한 감정을 극복할 수 있게 될 것이다.

박스 호흡법

우리는 다양한 환경에서 높은 수준의 스트레스에 노출된다. 특히 호건 진단에서 흥분성이 높게 나온 리더들은 특정 상황에서 욱하는 경향 때문에 팀원들과 관계가 소원해지는 경우가 있다. 평상시 신뢰를 잘 쌓았더라도, 비일관적인 모습을 보임으로써 주변 사람들의 불안감을 가중시키는 결과를 초래할 수 있다. 이때 박스 호흡법을 추천한다. 이는 미국 해군 특수부대 네이비 씰에서 사용하는 호흡법으로 유명하다. 숫자 4만 기억하면 된다.

1. 4초간 공기를 내쉰다.
2. 4초간 숨을 참는다.
3. 4초간 코로 숨을 들이마신다.
4. 4초간 숨을 참는다. 1단계로 돌아간다.

박스 호흡법은 숨을 참는 행위를 통해서 체내 이산화탄소를 배출해 부교감신경계를 활성화시킨다. 가급적이면 조용하고 맑은 공기가 있는 곳에서 5분간 반복하면 좋지만, 급한 상황이라면 사무실 복도를 걸으며 진행해도 일시적으로 안정을 찾는 데 도움이 된다.

완벽한 성인군자가 되려고 하지 마라. 불편함을 100퍼센트 티 내지 않고 포커페이스를 달성하기란 너무 어려운 법이다. 불편한

상황에서 '왜 나는 성격이 이 모양일까' 같은 쓸데없는 생각은 금물이다. 대신 '긍정적인 답변으로 받아친다' 등의 작은 목표만을 수립하라. 아래처럼 단순한 행동만 미리 정해두고, 너무 큰 기대를 갖지 않는다.

1-1) 이 상황이 불편하게 흘러가면 어떡하지? (X)
1-2) 이 상황이 어떻게 흘러가건 상관없이, 그냥 내 의견만 말해 보자. (O)
2-1) 만약 저 사람이 나를 공격하면 이렇게 반응하고, 방어적으로 나오면 저렇게 반응해야지. (X)
2-2) 그냥 듣기만 하자. (O)
3-1) 이번에는 불편함을 잘 극복해서 미팅을 진짜 잘해보자. (X)
3-2) 이건 그냥 지나가는 하루의 장면일 뿐이니, 듣는 데만 집중하자. (O)

만약 우리가 불편한 장면들을 극복했다고 생각해 보자. 기쁨의 도파민이 분출되면서 뇌는 점점 더 긍정적인 방향으로 움직일 것이다. 이렇게 조금씩 불편함에 대한 역치를 높여가는 과정은 우리에게 더 나은 리더십을 선물해 준다. 당신이 롤모델로 삼고 있는 언제나 초연한 리더들도 보이지 않는 곳에서 이런 훈련을 반드시 거쳤을 것이다.

핵심 Pick

- 리더십은 구성원 퇴사의 트리거가 된다. 따라서 리더십의 단단한 프로세스와 체계를 갖춰두는 사전 투자가 필요하다.

- 리더십의 시작은 사람 중심 관점으로의 전환이며, 사람 중심 언어를 사용하는 것이다.

- 리더의 가장 중요한 역할은 팀의 성과를 높이는 것이다. 환경을 조성하고 때로는 본인이 직접 진두지휘하기도 한다.

- 원온원의 목적은 구성원의 역량과 동기의 수준에 따라서 달라진다.

- 리더에게 메타인지는 필수다. 메타인지란 판단 없이 객관적이고 중립적으로 나를 바라보는 것이다.

- 팀원에게 불편함을 느끼는 것은 자연스러운 현상이지만, 훈련을 통해 불편함의 역치를 높여야 한다.

8 업무몰입도

**정확하게 측정하고
디테일하게 관리한다**

느낌을 기피하고
데이터를 선호하라

무엇이 출근하고 싶은 회사와 아닌 회사를 나눌까? 개인적으로 업무몰입도라고 생각한다. 업무몰입도는 이론적으로 직무만족도, 조직몰입도, 효능감과 비슷하게 들리지만 다른 개념이다. 이름을 보면 알 수 있듯이 일 자체에 얼마만큼 몰입하고 있는지를 나타내는 말이기 때문에, 성과와 아주 밀접하게 연관돼 있다. 업무몰입도가 높은 인재는 기본적으로 활력이 넘치고 열정적이다. 적극적으로 일을 추진하기 때문에 속도도 빠르고, 덩달아 팀의 전체적인 사기가 올라가기도 한다.

업무몰입도를 진단하는 방법

업무몰입도를 진단하는 방법으로는 세계적으로 권위 있는 인사·조직 컨설팅 기업 에이온 휴잇이 직원의 몰입도를 측정할 때 쓰는 방법이 가장 대표적이다. '회사를 외부에 얼마나 좋게 이야기하는가^{Say}', '조직에 남고자 하는가^{Stay}', '조직에서 자발적으로 더 열심히 일하고자 하는가^{Strive}' 세 가지 항목의 점수를 각각 측정해 업무몰입도를 알아보는 방법이다. 그러나 업무몰입도 점수만 알아서는 이후 그 진단 결과에 따라 무엇을 해야 하는지 알 수 없다.

나는 여기에 회사의 문화에 관련된 항목들을 추가해 조직문화와 업무몰입도 사이의 상관관계를 측정해 보기를 추천한다. 이를테면 우리 회사의 목표를 잘 이해하고 있는지, 본인의 역할이 무엇인지 명확하게 이해하고 있는지, 회사 내에서 정보가 투명하게 공유되는지 같은 항목들을 추가하는 것이 일반적일 것이다. 그 외에도 목표에 대한 이해도, 핵심가치 실천, 정보 공유 수준, 명확한 직무 역할의 이해 등 책에서 살펴봤던 훌륭한 조직문화의 조건들을 문항화해서 넣어두면 된다. 구성원들은 하나의 설문을 통해서 업무몰입도 항목과 조직문화 항목에 한번에 응답한다.

그다음 업무몰입도가 높고 낮음과 조직문화 점수의 높고 낮음 간의 상관관계를 분석한다. 예컨대 업무몰입도가 낮게 나온 사람들의 특징을 봤더니 명확한 직무 역할 이해의 점수가 떨어진다는 결과를 얻었다면, 우리는 업무몰입도와 명확한 직무 역할 간에 높은 상관관계가 있음을 추론할 수 있다. 그러면 명확한 직무 역할의 점수가 높아지면 업무몰입도도 높아질 수 있으리라는 가설을 설정해 볼 수 있다.

업무몰입도에 따라 팀이나 직무에 큰 차이가 나는 경우가 많다. 실제로 점수가 높은 팀에는 웃음소리가 끊이지 않으면서, 팀의 성과가 잘 나오고, 퇴직자도 쉽게 발생하지 않는다는 특징이 있다. 그만큼 업무몰입도는 조직문화의 구체적인 현황을 잘 보여주는 아주 좋은 진단 항목이다.

앞서 소개한 에이온 휴잇의 진단법과 양대산맥을 이루는 것이 갤럽의 진단법이다. 갤럽은 업무몰입도 진단을 위한 질문 목록을 홈페이지에 모두 공개해 뒀다. 열두 개의 질문으로 점수를 계산하는 심플한 형식이다. 열두 개의 문항은 기본 욕구, 개인 기여도, 팀워크, 성장이라는 네 개의 파트로 구성돼 있고, 기본 욕구에서 성장으로 향해갈수록 중요도가 더 높다고 본다. 업무몰입도에 영향을 미치는 질문들을 번역하면 다음과 같다.

갤럽의 Q12 업무몰입도 진단 질문

기본 욕구

1. 나는 직장에서 내게 기대되는 것이 무엇인지 알고 있다.
2. 나는 내 일을 제대로 해내기 위해 필요한 도구와 장비를 갖추고 있다.

개인 기여도

1. 내게는 매일 내가 가장 잘할 수 있는 일을 할 기회가 있다.

2. 지난 7일 안에, 나는 좋은 일을 했다고 인정받거나 칭찬을 들은 적이 있다.
3. 직속상사나 직장 내 누군가는 나를 한 인간으로서 진심으로 아껴준다.
4. 직장에 내 성장을 격려해 주는 사람이 있다.

팀워크

1. 직장에서 내 의견이 중요하게 여겨진다.
2. 우리 회사의 사명이나 목적은 내가 하는 일이 중요하다고 느끼게 만든다.
3. 동료들은 양질의 일을 해내기 위해 헌신한다.
4. 직장에 가장 친한 친구가 있다.

성장

1. 지난 6개월 동안, 직장에서 누군가 내 성장에 대해 이야기해 준 적이 있다.
2. 지난 1년 동안, 나는 직장에서 배우고 성장할 기회를 가졌다.

당신의 팀은 몰입하면서 일하는가? 당신은 어떤가? 조직문화가 일종의 '조직 분위기'와 비슷한 개념으로 통용되면서 '느낌'으로 조직문화를 진단하는 경우가 많다. 하지만 조직문화야말로 구체적

으로 측정하려는 노력이 필요하다. 우리는 데이터를 바탕으로 이야기하고 의사결정할 필요가 있다. 예컨대, 만약 데이터가 확보돼 있지 않다면, 조직문화가 안 좋다는 부정적인 여론에 휩쓸리기 쉽다. 반면, 리더는 별 문제가 없다고 생각했으나 자신은 알지 못했던 문제가 산적해 있을 수도 있다. 내가 강연하거나 자문을 제공할 때 가급적이면 프레임워크와 도식을 보여주고 고객에게도 수치화를 통해 객관적인 데이터를 확보할 것을 주문하는 이유다. 수치화한다고 하면 대부분 100퍼센트 완벽해야 한다고 생각하는데, 바로 이것이 허들이다. 수치화하려는 노력이 필요할 뿐, 그 수치가 정말 조직문화를 있는 그대로 드러내느냐를 논의하는 것은 실용적이지 않다.

업무몰입도 진단도 마찬가지다. 예를 들어 당신이 팀장이라면, 팀원들이 업무에 몰입하지 않는 이유가 보상 때문일 것이라는 가설이 있을 수 있다. 이때 이 가설을 검증하려면 업무몰입도 진단이 유일한 길이다. 가장 솔직하면서도 믿을 만한 데이터는 서베이기 때문이다. 팀장과의 원온원이나 대면 미팅은 자연스럽게 팀원의 상대적인 힘을 위축시키기 때문에 100퍼센트 솔직할 것이라고 기대하면 안 된다. 회사가 업무몰입도 진단을 수행하고 있다면 우리 팀의 데이터를 받아서 개선하면 된다. 만약 회사가 진행해 주지 않는다면 위에서 언급한 갤럽 Q12 등 시중에 공개된 업무몰입도 진단을 토대로 익명 서베이를 만들어서 직접 돌려보자. 그러면 자신의 가설이 맞는지 아닌지 알 수 있으며, 새로운 인사이트도 발견할 수 있다.

이런 데이터가 주어졌을 때 리더가 할 일은 데이터를 분석하고, 해결하기 위해 실행할 액션 아이템을 정하는 것이다. 반면에 특정 응답을 누가 썼는지 추측하거나 팀원에게 직접 추궁하는 행위는 절대 하지 말자. 신뢰자원이라는 공든 탑을 무너뜨리지 말자. 누가 한 대답이든 간에, 어쨌든 당신의 팀원이 응답한 것이다. 개인적인 코칭이나 문제 해결은 원온원을 통해서 하고, 데이터가 확보됐다면 좀 더 큰 차원에서 구조적으로 사고하고 가설을 설정해서 문제를 해결하자.

리더가 데이터를 분석하고 액션 아이템을 찾다보면, 타사들의 수준과 사례는 어떤지 궁금하기 마련이다. 내 경험상 업무몰입도를 좌지우지하는 큰 변수가 세 가지 있었다. 만약 당신의 팀이나 특정 팀원이 업무에 잘 몰입하지 못하는 것 같다면 다음에서 소개하는 세 가지 주요 변수를 검토해 보자. 미친 성장을 향해 더욱 가까이 갈 수 있는 기회다.

업무몰입도의 주요 변수1
인정과 칭찬

"자꾸 칭찬해 주니까 버릇이 잘못 드는 것 같아요."

리더들이 많이 하는 현실적인 고민이다. 구성원들을 자주 칭찬해 주라는 조언을 들어서 이를 따랐더니, 팀원들의 퍼포먼스와 몰입도가 오히려 떨어지더라는 것이다. 칭찬에 안주한 나머지 성장을 위한 노력을 게을리했기 때문이었을 것이다. 이런 이야기를 들을 때면, 나는 보통 이렇게 반문한다.

"어떻게, 얼마나 자주 칭찬해 주셨는데요?"
"때마다 잘하고 있다고 말해주고, 미팅 준비를 잘해 오면 잘했다고 했어요."

리더분들에게는 미안한 말이지만, 이것은 칭찬의 좋은 사례가 아니다. 그리고 구성원들 또한 그 경험을 통해 자신이 자주 칭찬받았다고 느끼기는 어려웠을 것이다. 대부분의 리더가 구성원에게 해주는 좋은 말들을 칭찬이라고 착각하는 경향이 있다. 하지만 칭찬은 굉장히 구체적이어야 한다. 상대의 행동에서 어떤 점이 좋았는지까지 이야기해 줄 수 있어야 한다. 우리는 앞서 좋은 피드백은 SBI, 즉 상황Situation, 행동Behavior, 영향Impact의 구조를 갖춰야 한다는 점을 공부했다. 칭찬은 긍정 피드백과 동의어라고 생각하면 된다. 그래서 성과나 과정에 대한 피드백 중 긍정적인 것이 사실상 칭찬이 된다.

이론적으로 인정은 칭찬과 다른 개념이다. 칭찬이 상대의 행위를 드높이는 것이라면, 인정은 상대의 존재를 드높여 주는 행위다. 그 사람이 팀에서 어떤 존재이고, 어느 정도의 영향력을 갖고 있는지 알려주며 인격적으로 대우해 주는 행위다. 하지만 때에 따라서는 인정을 '앎' 정도로만 생각해도 괜찮다. 누군가를 인정하는 데 어려움을 겪는 한국의 리더들 특성을 생각해 보면, 상대가 거기서 무슨 역할을 하고 있는지 안다는 사실을 전달하는 것만으로도 구성원들은 큰 힘을 얻게 된다. 현실에서 리더가 일일이 모두를 다 드높여 줄 수도 없거니와, 그 정도의 인재밀도로 조직이 구성돼 있지 않을 가능성이 높기 때문에 더욱 그렇다.

인정은 사업적인 성과를 높인다

누군가를 칭찬하고 인정하기 위해서는 그 사람에게 생각보다 관심이 많아야 한다. 고성과자인 리더들은 학문이나 레퍼런스에는 호기심이 많지만, 사람에 대해서는 태생적으로 호기심이 적은 경우가 있다. 그러나 앞서 살펴봤듯이 리더십은 사람 중심의 관점으로 전환하는 데서 시작한다. 리더의 실무 대상은 사람이다. 한정된 정신력을 사람에게 더 많이 쏟는 연습을 해야 한다. 큰 조직으로 갈수록, 구성원이 많아질수록 리더십이 제대로 발휘되려면 실무의 비중이 점차 줄어들어야 하는 이유이기도 하다.

관리보다는 실무 중심의 리더십을 요구하는 조직일수록 구성원들에게 돌아가는 인정이 부족할 수밖에 없다. 리더가 실무적인 피드백을 주고 코칭을 하는 데 집중하게 되며, 앞으로 더 나아져야 하는 부분에 집중할 확률이 높기 때문이다. 그러나 그럴수록 적절한 인정과 칭찬을 밸런스 있게 해주는 것이 반드시 필요하다.

갤럽에 따르면 Q12 업무몰입도 진단 질문 중 "지난 7일 안에, 나는 좋은 일을 했다고 인정받거나 칭찬을 들은 적이 있다"라는 문항에 그렇다고 대답한 응답은 25퍼센트 정도다. 만약 이것을 60퍼센트까지 끌어올린다면 품질 향상률 28퍼센트 상승, 결근율 31퍼센트 감소, 손실 12퍼센트 감소의 사업 성과를 기대할 수 있다고 한다. 그만큼 인정은 업무몰입도에 큰 영향력을 끼칠 뿐 아니라 사업적인 성과 또한 높인다는 의미다.

7장에서 소개한 원온원 프레임워크를 보면 피드백을 주는 시간이 할당돼 있다. 이때 칭찬과 인정을 반드시 염두에 두자. 그러면 원온원의 주기가 곧 최소 인정 주기가 될 것이고, 팀의 성과를 끌어올릴 수 있는 메인 레버를 손에 넣을 수 있다.

개선점이 많은 저성과자도 인정해야 하는가

'완전한 솔직함'을 한국의 업무 현장에 적용하기 위한 방안을 설명하면서, 샌드위치 피드백을 지양하자고 제안했다. 더 노력해야 하는 점을 잘하고 있는 점과 섞어서 이야기하며 그것이 별로 중요하지 않은 듯이 말하는 것을 뜻한다. 피드백을 줄 때는 한 달 동안 잘했던 점과 더 노력해야 하는 점을 명확히 분리해서 말하자. 저성과자(특히 노력하는 저성과자)에게도 인정은 필요하다. 노력한 부분에 대해서는 잘했다는 이야기를 들어야 뭐든 할 맛이 나지 않을까? 물론 상대가 자발적으로 팀에서 나가주기를 바라는 상황이라면, 이는 필수적이지 않을 수 있다. 하지만 적어도 당신이 그를 뽑았거나, 원온원에서 성장할 수 있도록 도와주겠다고 이야기했다면 당신에게도 책임이 있다는 사실을 간과해서는 안 된다.

업무몰입도의 주요 변수2

도전적인 과제

역량, 인격, 커리어, 역할 등 성장시킬 수 있는 것에는 여러 가지가 있다. 그러나 여기서는 역량과 커리어의 성장을 중점적으로 다루기로 하자. 한마디로 "나는 지난 1년간 많이 성장했는가?"라는 질문에 "Yes"가 나와야 한다는 뜻이다. 내 경험상 성장은 업무몰입도에서 가장 중요한 영향변수였다. 특히 스타트업일수록 그런 경향이 강한데, 회사의 브랜딩, 보상, 안정성 면에서 대기업과 비교해 구성원에게 줄 수 있는 것이 적기 때문이다.

특히 AI 시대가 도래하면서 개인에게 도전적이고 창의적인 업무가 많이 요구되고 있다. 예전에는 반복적이고 운영적인 업무를 오랜 기간 잘 수행하는 것만으로도 성장했다고 느낄 수 있었지만, 이제는 그럴 기회가 없을 뿐더러 창의적인 업무를 잘 해내야 성장한다고 느끼게 됐다. 그만큼 구성원의 성장은 점점 달성하기 어려운 방향으로 변화하고 있다.

구성원의 성장을 격려하는 법

교육비를 지원하거나 승진시켜주는 것만이 팀원의 성장을 이끌어내는 방법은 아니다. 팀장은 팀원의 역량에 맞게 과업을 배분할 수 있다. 아무리 자율적인 문화여도 변하지 않는 사실이다. 'What'과 'Why'를 정하는 것은 리더의 고유 권한이고, 정해진 과업에서 'How'를 찾는 것이야말로 올바른 정의로서의 자율이다. 물론 'What', 'Why'에 대해서 팀원들이 자유롭게 의견을 개진할 수 있어야 한다. 하지만 이 말이 곧 리더가 그것들을 모두 받아들여야 한다는 의미는 아니다.

중요한 것은 과업을 배분할 때 도전적인 과업을 최소 한 개는 포함시켜야 한다는 점이다. 도전적이기 위해서는 과업 수준이 그 사람의 역량보다 살짝 높아야 한다. 역량의 수준이 8이라면, 과업의 난이도는 9나 10 정도가 돼야 한다. 이렇게 어려운 일을 수행하고 나서야 비로소 새롭게 보이는 것이 있고 얻는 것이 생기기 때문이다. 만약 실패하더라도 그 과정에서 배움이 따를 것이다. 그리고 나머지 과업들은 대상자의 역량에 걸맞게 구성하라. 모든 과업이 도전적이면 효능감을 느끼기 어려워 금방 지치기 쉽다.

갤럽에서도 직장에서 "나의 성장을 격려해 주는 사람이 있다"의 여부가 직원이 이탈하는 가장 주된 이유라고 밝혔다. 그리고 30퍼센트의 구성원만이 성장을 격려받는다고 했다. 만약 이를 60퍼센트로 개선하면 고객 만족도가 6퍼센트, 이익이 11퍼센트 향상될 수 있고, 결근율이 28퍼센트 낮아질 수 있다고 했다. 그러므로 구성원의 성장을 격려해 주는 사람은 리더여야 한다는 것이 내 생각이다.

업무몰입도의 주요 변수3

회사의 성공을 확신하는가

비전은 동기를 부여하고, 사람이 열심히 일하게 한다. 멋진 비전은 많은 회사에서 필수처럼 여겨져 왔고, 회사들은 경쟁적으로 자신들의 비전을 팔면서 구성원들을 합류시키고자 했다. 하지만 앞으로는 비전보다 '우리 회사가 성공할 것인가?'에 대한 구체적인 확신이 더 중요할 것이다.

최근 몇 년 동안 코인과 주식으로 성공한 사람들, 그리고 그것에 노출된 세대가 인력의 주축이 되기 때문이다. 특히 젊은 세대를 중심으로 회사에서 받는 월급이나 스타트업에서 받은 스톡옵션은 세금을 제외하면 얼마 남지 않는다는 생각이 팽배해졌다. 주식을 취득할 수 있는 권리인 스톡옵션은 행사가, 즉 얼마에 주식을 취득하는가가 중요한데, 행사가와 시장가격에 별 차이가 없다면 실제 차익이 별로 없다. 과거보다 스타트업의 행사가 산정에 대한 요건이 깐깐해지면서 스톡옵션도 1, 2세대 벤처 붐이 일었을 때보다 매력이 많이 감소했다. 이런 상황이라면 결국 우리 회사가 단기간에 어디까지 성장할 수 있느냐가 더 중요하다.

성과가 좋거나 투명하게 공개하거나

나는 고객사들의 업무몰입도를 진단할 때 "우리 회사는 향후 3년 안에 시장에서 확실한 성공을 거둘 가능성이 크다"라는 문항을 반드시 넣는다. 이 문항이 업무몰입도와 높은 상관관계를 갖기 때문이다. 또한 보상과도 밀접한 관련이 있다. 앞서 언급했던 스톡옵션의 경우, 회사가 성장해 시장가격이 상승할수록 나에게 차익이 많아지는 효과가 있다. 또한 대기업들의 경우, 영업이익이 많아질수록 인센티브를 더 많이 받을 수 있게 된다. 그래서 돈을 잘 버는 회사의 인기가 과거보다 좋아지고 있는 것이다. 굉장히 중요한 트렌드 변화라고 생각한다.

그렇다면 회사가 실제 사업적인 성과를 잘 내는 것 외에 할 수 있는 것이 없다고 보일 수도 있다. 여기서 앞서 소개했던 신뢰자원 중 하나인 투명성에 대해 다시 이야기하고 싶다. 의외로 회사의 구체적인 시장 점령 전략과 우선순위가 구성원들에게 원활히 공유되지 않는 경우가 많다. 투명성이 낮은 것이다. 우리 회사가 시장에서 영향력을 잘 펼치고 있는지, 아니라면 그 상황을 어떻게 타개할 수 있는지를 구성원들에게 공유하는 일은 실제 이 문항의 점수를 끌어올린다. 때문에 더 이상 멋진 비전으로 설득하려 하지 말고, 구체적인 숫자와 목표로 설득할 수 있도록 하라.

이에 더해 이런 고민도 있을 수 있다. 회사의 전략이 자주 바뀌는 상황이다. 구성원들에게 잦은 변화를 말하면 오히려 불안해하지 않을까? 구성원은 회사의 변화를 어떤 식으로든 눈치채기 마련이다. 그런데 회사의 전략이 변화하는 상황에서 구성원에게 그 정보가 공유되지 않는다고 생각해 보라. 불안감은 가중되고 구성원들의 이탈이 잦아질 수 있다. 십중팔구 회사가 어려우니 구조조정을 강행하리라는 소문이 돌기 시작한다. 전략이 자주 변화한다면, 그만큼 회사가 활로를 찾기 위해서 노력하고 있다는 이야기다. 변화에 대한 모든 디테일을 이야기할 필요는 없지만, 빈도 면에서는 자주 업데이트해 주는 것이 적게 공유해 주는 것보다 훨씬 좋다.

핵심 Pick

○ 업무몰입도가 높은 팀은 성과가 좋을 뿐 아니라 퇴직자도 쉽게 발생하지 않는다.

○ 조직문화는 느낌이 아니라 데이터로 확인해야 한다. 업무몰입도를 진단해 조직의 현황을 점검하라.

○ 인정과 칭찬은 업무몰입도를 높이는 핵심 요소다. 구성원에게 더 많은 관심을 가져라.

○ 스스로 성장한다고 느낄 때 구성원의 업무몰입도도 높아진다. 이를 위해 충분히 도전적인 과제가 한 가지 이상 주어져야 한다.

○ 멋진 비전을 내세우는 것보다는 회사의 성공 가능성을 구체적으로 강조하는 것이 업무몰입도를 높인다.

9　인재밀도

**저성과자는
최소한으로 줄인다**

누가 조직에
해로운 영향을 끼치는가

몇 년 전 "썩은 사과 골라내기"라는 표현이 유행했다. 상자 속 하나의 사과가 썩으면 나머지 사과들도 다 썩을 수 있기 때문에 그 전에 썩은 사과를 골라내야 한다는 뜻이다. 이처럼 저성과자를 빠르게 도려내야 조직 전체가 영향받지 않는다는 철학으로 많은 기업이 인재밀도를 관리해 왔다. 신기한 점은 이렇게 골라내도 썩은 사과는 언제 어디선가 다시 나타난다는 것이다. '저성과자'라는 개념은 상대적일 수밖에 없기 때문이다. 또한 여기에는 링겔만 효과도 작용한다. '링겔만 효과'는 조직의 열 명 중 한 명은 무조건 무임승차자라는 사회과학적 이론이다. 즉, 우리가 갖은 수를 쓰더라도 저성과자는 늘 존재한다.

썩은 사과와 저성과자

사실 엄격히 따지면 저성과자와 썩은 사과가 완전히 동의어는 아니다. '썩은 사과'라는 표현은 그것이 다른 사과조차 병들게 한다는 점을 강조한다. 태도는 훌륭하지만 역량이 낮은 경우, 동료를 힘들게 할 수는 있어도 다른 사람조차 병들게 하지는 않을 수도 있다. 그래서 보통 썩은 사과는 저성과자보다는 '해로운Toxic 인원'이라고 돌려서 표현하기도 한다.

그렇다면 이제 해로운 인원으로 우리의 주파수를 맞춰보자. 이들이 조직의 10퍼센트를 차지한다면 어떤 변화가 생길까? 우리가 공부한 모든 조직문화의 개념이 흔들린다고 생각하면 된다. 더군다나 이들이 장기근속자로서 막강한 영향력을 갖고 있다면 문제는 더욱 심각해진다. 우선 그들 주변의 의사결정 기준은 핵심가치가 아니라 사익이 될 것이다. 대충대충을 넘어 개인의 이익을 우선시하는 위험한 의사결정들이 일어날 수 있다. 신뢰자원도 파괴된다. 회사의 방향성을 전혀 믿지 않으려 할 것이며, 회사에서 발표가 있을 때마다 저의가 있을 것이라며 주변의 물을 흐릴 것이다. 동기는 이미 무너진 지 오래이기 때문에 근태도 좋지 않을 확률이 높다. 덕분에 동료들에게 업무가 전가된다.

해로운 인원은 해고하기도 어렵다. OECD 국가 중에서 우리나라의 해고 비용은 2위다. 그만큼 한 번 들어온 인원은 내보내기 어려우며, 이를 위해서는 많은 비용을 지출해야 한다. 어려운 환경 속에서 우리는 빠른 진단과 개선, 그리고 결단을 내려야 한다.

썩은 사과를 골라낼 때 주의할 점

앞서 밝힌 것처럼 저성과자가 반드시 해롭다고 보기는 어렵다. 조직 내 몇몇 구성원이 문제 있다고 지목한 인원이 반드시 저성과자라고 보기도 어렵다. 하지만 리더들은 스스로 느끼는 압박 속에서 빠르게 판단을 내리게 되고, 그 결과 판단 오류를 낳는 경우가 많다. 판단 오류의 배경으로는 이런 것들이 있다. 가령 어젯밤까지 괜찮다고 생각했던 인원이 있었는데, 다음날 그가 밤사이 이런저런 실수를 했다고 하니 손바닥 뒤집듯 그를 정말 문제 있는 저성과자라고 판단하는 것이다. 현실에 치이고 현업이 바쁘다 보니 리더들이 이렇게 성급하게 판단하는 배경에 대해서는 충분히 이해한다. 하지만 앞에서도 말했듯, 리더의 실무는 사람이기 때문에 섣부른 판단과 그에 따른 오류는 있어서는 안 된다. 그래서 나는 스타트업의 자문에 응할 때 개선의 과정을 거치지 않은 채 바로 이별하는 것을 경계해야 한다고 강조한다. 해로운 인원이 아닌 이상 바로 이별하는 것은 섣부른 판단이 될 확률이 높다. 그리고 개선 과정에 드는 시간은 조직에서 용인할 수 있을 만큼 최대한으로 가져달라고 부탁한다. 누구든 변화하는 데는 시간이 필요하기 때문이다.

변화의 과정이 작동하려면 누군가가 기량이 떨어졌을 때부터 리더는 예의 주시하고 있어야 한다. 지속적으로 저성과가 발생한다면 바로 이를 개선할 수 있도록 노력해야 한다. 이때 해당 구성원을 문제투성이라고 전제하지 않도록 주의하자. 좋은 피드백의 전제조건에는 상대의 성장에 대한 신뢰가 있다는 것을 기억하자. 반면 리더와 달리 당사자는 자신의 기량이 떨어졌다는 사실을 인지하지 못했을 수도 있다. 때문에 이런 이슈가 발생한다면 지체 없이 문제의 원인을 당사자와 함께 찾고 개선하기를 추천한다.

또 다른 판단 오류의 배경으로, 문제적인 구성원을 리더가 직접 뽑지 않은 경우가 있다. 리더가 해당 구성원보다 늦게 합류한 것이다. 이런 경우 흔히 폭탄을 떠넘겨 받았다고 생각하면서 이미 해로운 인원이라는 전제로 상대를 대하는 경우가 많다. 전임자에게 인수인계를 받았다면 이미 그에 대한 험담도 한 보따리 잔뜩 들었을 테다. 이렇게 이미 낙인이 찍혀 환경적으로 척박한 상태에서는 문제 없던 구성원도 문제가 생길 수 밖에 없다.

마지막으로, 구성원과 리더 간에도 합이 분명히 있다. 이전 팀에서는 저성과자로 분류되다가 옮긴 팀에서 고성과를 내는 케이스를 왕왕 봐왔다. 직무가 달라지지 않았다면 리더와의 합이 제일 큰 변수였을 것이다. 때문에 큰 조직에서는 문제 있는 구성원을 바로 내보내기보다는 타 부서로 보내려고 노력한다. 하지만 그마저도 쉽지 않다. 이미 낙인이 찍혔기 때문이다.

이런 모든 배경이 구성원을 잘못 판단하기 쉽게 만든다. 때문에 우리는 의식적으로 이별을 단언하거나 전제하기보다 개선을 먼저 시도해 보고, 문제가 생기면 바로 당사자와 공유해 개선하기 위해 노력하고, 개선이 되지 않을 때는 구성원에게 다른 기회를 찾아주는 순서로 저성과자에 대한 문제를 해결해야 한다.

어떻게 저성과자를
개선시킬까

신중한 과정을 거쳐 해당 구성원이 저성과자로 분류됐다고 생각해보자. 그를 어떻게 개선시켜야 할까? 다음의 항목들이 고려될 때 개선 가능성이 높아진다.

개선을 위해 고려할 것들

1. 구체적이고 측정 가능한 과제를 설정한다

'속도가 느리다', '커뮤니케이션 역량이 떨어진다'는 내용은 저성과자로 판단되는 단골 사유인데, 이는 역량을 매우 추상적으로 표현하는 경향이 있다. 상대적인 표현, 다양한 해석을 낳는 표현은 저성과자가 개선해야 할 과제를 제시하기에는 적절하지 않다. 수학을 잘하지 못한다고 해서, 이제 수학을 잘해보자는 것이 과제가 될 수 없는 것과 마찬가지다. 수학을 잘하려면 어떤 개념에서 약하고, 그 개념을 익히기 위해서 얼마나 문제를 풀 것이며, 어떤 방식으로 공부할 것인지 구체적으로 정해야 한다. 고로, 만약 속도 개선을 과제로 만들려면, 도대체 어떤 영역에서 속도가 느린지가 먼저 파악돼야 한다. 레퍼런스를 검색하는 과정이 느린지, 아이디어 회의 이후에 후속 회의를 주재하는 데까지의 과정이 오래 걸리는지, 완료된 프로젝트의 성과를 보고하기까지 쓸데없이 오래 시간이 걸리는지 등 사유는 다양할 수 있다.

원인이 파악됐다면, 이제 그것을 어느 정도까지 개선해야 하는지 구체적이고 측정 가능하게 과제로 설정해야 한다. 만약 레퍼런스를 검색하는 데 보통 3일이 걸렸다면 이를 절반으로 줄이는 것이 목표가 되는 것이다. 그리고 목표가 달성됐을 때 저성과자의 어떤 역량이 함께 좋아질지도 생각하라. 이 경우라면 자료 수집 시에 정보를 구조화하는 능력이 좋아질 수 있다. 무턱대고 뛰어들면 3일이 걸리지만, 어떤 자료를 얼마나 깊이 있게 찾을지, 어디에서 찾을지를 구조화하면 1.5일 만에 달성될 수 있기 때문이다. 개선 과제를 해결하는 일련의 과정에서 저성과자의 역량이 높아진다.

2.조직의 기댓값이 느껴지는 도전적인 과제를 추가한다

저성과자가 일시적으로 개선됐는지, 아니면 정상적인 성과의 궤도로 돌아왔는지에 대한 판단은 꽤나 어렵다. 때문에 과제 수행을 통해서 파악하는 방법이 최선이다. 저성과자라고 해서 개선 과제를 설계할 때 달성 가능한 수준의 쉬운 과제로만 구성해서는 안 된다. 실제로 역량과 태도가 개선되는 과정을 엿보기 위해서는 도전적인 과제도 부여해야 한다. 조직이 선호하는 인재의 수준에 비하면 저상과자의 개선 과제는 낮은 수준에 속하기에, 해당 인원은 앞으로도 더 높은 성과를 낼 수 있도록 조직의 기댓값을 느낄 수 있어야 한다.

3. 이별 시에는 당사자의 수용성이 핵심이다

개선 과정은 경우에 따라서 실패로 돌아갈 수도 있고, 자진 퇴사를 하거나 합의금을 지급하고 이별하는 결말로 나아갈 수도 있다. 이때 이렇게 개선의 과정이 주어졌다는 사실 자체가 당사자의 수용성을 높일 수 있다. 어떤 결론이 나올지는 개선 과정을 시작할 때까지는 알 수 없다. 만약 결과가 좋지 않아 이별의 과정을 거쳐야 한다면, 개선을 위한 시간이 얼마나 충분했는지, 그 기간 동안 많은 논의를 가졌는지가 당사자의 수용성에 매우 큰 영향을 준다. 개선 과정 없이 다짜고짜 회사에서 각자의 길을 제안하는 것과 개선의 과정을 최소 한 달 이상 가진 끝에 이별을 제안하는 것은 경험상 매우 다른 결말을 가져왔다.

For 팀장

저성과자 면담에서 착해지려고 하지 마라

다소 불편하고 도전적인 제목이다. 그러나 리더에게 제일 필요한 말이기도 하다.

저성과자에게 긍정적인 변화를 강하게 주문하겠다고 나와 약속했던 팀장이 있었다. 해당 팀장의 성장을 위해서 나는 면담에 배석하지 않았고, 그렇게 두 달의 시간이 흘렀다. 그는 저성과자가 많이 개선됐다고 전했으나, 팀원들의 반응은 그렇지 않았다. 어떻게 된 영문인지 알아보기 위해 해당 저성과자를 면담했는데, 당사자는 사태의 심각성을 전혀 모르고 있었다. 본인이 개선을 주문받았다는 사실은 알고 있었지만, 그 당시 팀장의 톤이 온화했기 때문에 내가 찾아온 것에 오히려 당황한 눈치였다.

누구나 착한 사람이 되고 싶다는 유혹에 빠진다. 또 남에게 상처를 주지는 않을까 항상 걱정이 앞선다. 그러나 저성과자 면담에서만큼은 이런 유혹을 반드시 떨쳐내야 한다. 샌드위치 피드백을 준다거나 마음이 너무 불편한 나머지 잘하고 있지도 않은데 잘하고 있다고 말한다면 실수하는 것이다. 착한 리더가 된다고 행복해질까? 물론 인기는 더 많아질 수도 있겠다. 하지만 더 큰 리더로 성장할 기회는 제한될 것이다.

앞으로 저성과자 면담에서는 성과에 대해 리더와 저성과자가 기대하는 수준을 서로 일치시키고 확인하는 과정을 반복한다고 생각하라. 내가 요구한 바를 상대의 말로 다시 설명해 달라고 하라. 이런 과정을 수행하기 어렵다면 인사팀에게 롤플레잉을 요청하는 방법도 있다. 내가 서포트했던 몇몇 리더는 실제로 나와 롤플레잉을 함께하며 면담하는 역량을 길렀다. 말하는 투와 행동, 상대방이 예상한 반응대로 나오지 않을 때의 대응 방안 등을 미리 연습해 본다면 당신은 착한 리더가 아니라 성공한 리더로 한층 더 가까이 다가갈 수 있을 것이다.

저성과자 유입을 막는
세 가지 댐

한 명의 저성과자가 존재하기만 해도 조직은 큰 비용을 치르게 된다. 계속해서 개선의 기회를 부여하기 위한 시간적, 인적, 경제적 자원이 들어간다. 만약 그가 해로운 인원이라면 최악의 경우 그를 내보내기 위해 합의금을 지불해야 할 수도 있다. 그가 조직문화를 어떻게 파괴할지 모른다는 불길한 가능성이 단순한 불안감을 넘어, 실제로 조직을 경색시키고 파국으로 치닫게 할 수도 있다. 그동안 잘 쌓아왔던 승리의 DNA가 일순간 무너질 수도 있다. 애초에 이들을 조직에 들이지 않는 것이 가장 중요하다.

그러나 현실은 녹록지 않다. 구글과 맥킨지 등에서 실시한 연구의 결과에 따르면 면접 프로세스를 아무리 길고 정교하게 만들더라도 후보자에 대한 판단의 정확도는 50퍼센트를 넘기기 어렵다. 절반은 잘못된 채용이라는 말이다. 이들은 회사와 맞지 않아서 개선 과정을 거치거나 때로는 이별을 해야 할 수도 있다. 때문에 인사팀은 생각보다 많은 시간을 구성원의 개선과 이별을 준비하고 실행하는 데 쓰게 된다. 이는 리더 또한 마찬가지다. 물론 내 경험상 아주 만족스러운 채용이 아닐지라도, 적당히 1인분을 하는 사람을 채용하는 수준까지 고려한다면 70퍼센트까지 정확도가 올라갈 수는 있다. 물론 이는 정교한 검증 가이드와 면접관 교육, 정확한 기준에 의한 선발 절차가 담보됐을 때의 이야기다. 그리고 앞서 이야기했던 링겔만 효과로 인해, 어쩔 수 없이 열 명 중 한 명은 반드시 잘못된 채용에 해당할 것이다. 그 한 명이 해로운 인원이 아니라고 할 수도 없다.

채용은 100퍼센트 성공적일 수 없으니 일단 뽑고 나서 생각하면 안 되냐고 반문할 수도 있다. "절대 안됩니다"가 내 대답이다. 100퍼센트 정확할 수 없더라도, 우리는 언제나 최선의 노력을 다해야 한다. 디테일한 노력 하나하나가 조직의 성장을 보장한다.

어떻게 잘못된 채용을 막는가

다음에서는 저성과자의 유입을 막는 세 가지 댐을 공유하고자 한다.

1. 면접관의 우선순위를 회사와 맞춰라

성장하는 기업의 우선순위 Top3에서 채용이 빠지는 경우는 한 번도 본 적이 없다. 그만큼 좋은 사람을 뽑는 일은 기업이 성장하기 위한 필요조건이다. 그런데 놀라운 점은, 막상 면접장에 들어가는 면접관의 우선순위 Top3에는 면접이 들어가 있지 않은 경우가 많다는 사실이다. 면접은 성과를 내기 위한 시간도 아니고, 투입한 시간만큼 반드시 산출물이 따르는 일로 인식되기 때문이다. 우선순위에 대한 이와 같은 동상이몽이 부정확한 면접 결과를 낳는다. 이로써 조직은 저성과자의 유입이라는 부채를 억울하게 안게 된다. 회사가 채용을 중요시한다면 면접관도 그와 같이 우선순위를 맞출 수 있도록 환경적인 배려를 해줘야 한다. 현업이 그대로 있으면서 하루에 면접을 두 번 보라고 한다면 서로의 우선순위는 당연히 맞춰지지 않는다.

생각보다 면접관의 역할을 경시하고, 이를 당연히 해야 할 일이라고 생각하는 경우가 종종 있다. 하지만 훌륭한 팀이라면 선수를 선발하는 일을 대충 하지 않는다. 세계 최고의 스포츠팀들을 생각해 보라. 유소년 선수를 뽑더라도, 매 경기 스카우터들이 경기를 관전하러 가서 그날의 기량을 체크한다. 그렇게 뽑은 선수들도 반드시 성공을 보장해 주지는 않는다. 우리가 누군가를 뽑기 위해 한 시간도 정성을 쏟을 수 없다면, 그 결과는 더 부정적인 쪽으로 기울 수밖에 없다.

2. 레퍼런스 체크를 효과적으로 진행하라

'레퍼런스 체크'란 후보자의 이전 직장 동료들을 인터뷰해 도덕적 흠결이나 협업 면에서의 문제는 없었는지 알아보고, 그 정보를 채용 결정에 활용하는 절차를 말한다. 후보자가 직접 자신이 협업했던 사람을 제시하는 지명 방식과, 회사가 임의로 그와 직장 경력이 겹치는 사람을 찾아 묻는 비지명 방식이 존재한다. 비지명 방식으로 진행할 경우 후보자에게 알리고 진행하는 편이 일반적이며 더욱 안전하다. 레퍼런스 체크를 중점적으로 해주는 회사가 따로 있을 정도로 이 절차는 생각보다 수고스럽다.

개인적으로 지명 방식은 실효가 없다고 생각한다. 대신 후보자에게 동의를 얻어서 비지명 방식으로 진행할 것을 추천한다. 이때 인터뷰 대상은 반드시 그의 이전 상사 혹은 후임자로 정하자. 우리나라 사람들은 웬만하면 타인의 평판을 좋게 말해주는 습성이 있는데, 상사의 경우에는 비교적 이런 유인이 덜하기 때문이다. 후보자의 이전 상사에게 평판을 물었는데 그가 머뭇거린다면 찜찜한 구석이 있을 확률이 높다. 이런 경우에는 해당 부분을 집중적으로 파보면 좋다.

후임자의 경우에는 상사보다 제한적인 정보를 갖고 있지만 인수인계 과정에 대해서 면밀히 들여다볼 수가 있다. 책임감과 헌신, 충성심은 회사와 팀을 떠나는 순간에 비로소 진실되게 보인다. 앞에서만 좋은 모습을 보이는 가식적인 사람들은 떠날 때 인수인계를 대충 하거나 무책임한 모습을 보여줄 확률이 높다. 따라서 레퍼런스 체크를 효과적으로 수행해 후보자에게 꺼림칙한 구석은 없는지 체크해 보자.

3. 수습평가는 제발 '빡세게' 하라

'빡세게'라는 표현을 기억하자. 내가 리더들과 소통하면서 속된 말을 쓰는 몇 안 되는 구간 중 하나가 바로 수습 과정이다. '면밀하게', '디테일하게', '열심히'라는 말로는 도저히 표현이 안 될 만큼 중요하지만 리더가 쉽게 간과하기 때문이다. 여러 번 말했듯이 우리나라는 해고가 비싸고 어렵다. 그리고 재직 중 저성과자라고 판명됐을 때, 개선 과정을 거치는 것도 너무나 고통스럽고 도전적이다. 하지만 수습 기간은 비교적 자유도가 주어지는 몇 안 되는 구간이다. 아래는 고용노동부에서 공개한 수습에 관한 개념 정리다.

수습

가. 개념

근로기준법 제35조 제5호는 수습근로자를 해고예고 예외대상에 포함하고 있다. 이때 수습은 그 성격에 따라 좁은 의미에서의 수습과 시용으로 나눠질 수 있다.

좁은 의미에서 볼 때 수습이라 함은 정식채용 즉 확정적 근로계약 체결 후에 근로자의 작업능력이나 사업장에서의 적응능력을 키워주기 위한 근로형태다. 따라서 수습계약이 따로 존재하는 것이 아니고 하나의 근로계약이 체결된 것이다.

나. 근로기준법의 적용

수습근로자에게도 근로기준법이 전면적으로 적용된다. 다만 수습근로자로서 3개월 미만인 자에 대하여는 해고예고 관련조항이 적용되지 않으며(근로기준법 제35조, 시행령 제12조) 임금에 대해서

> 취업규칙, 근로계약 등을 통해 정식근로자보다 낮게 결정할 수도 있다. 이러한 취지에서 수습기간은 평균임금 산정기간에 포함되지 않는다.(근로기준법시행령 제2조)

    법적으로 수습 종료는 해고에 해당한다. 하지만 통상적인 해고보다는 완화된 개념을 적용하고 있으며, 특히 해고예고의무가 제외된다는 점에서 그렇다. 수습평가에서 제일 중요한 것은 객관적인 평가 기준이 존재하는지, 그리고 이에 따라서 평가했는지. 이 점에 대해서는 국가법령센터에서 샘플을 제공하고 있다. 공무원의 인사·윤리·복무 등의 사무를 담당하는 인사혁신처의 통합인사지침에 제시된 예시지만, 모두가 참고할 만하다.

    이 샘플을 보고서 평가할 것이 너무 많다는 생각이 드는가? 수습평가가 제대로 이뤄지지 않는다면, 앞에서 설명한 개선 과정은 이보다 더욱 길고 복잡하게 진행될 것이다. 귀찮다는 이유로, 형식적이라는 이유로 수습 과정에서 디테일한 평가를 미룬다면 우리는 저성과자라는 잠재적 시한폭탄을 조직 곳곳에 심어놓는 결과를 초래하게 된다. 이 항목을 활용하지는 않아도 좋지만, 이렇게 디테일한 노력이 있어야 수습의 이점을 잘 활용할 수 있다는 점을 명심해야 한다. 그러니 제발 수습 평가는 '빡세게' 하자.

수습평가 항목별 배점 및 참고사항

구분	평가 항목(배점)	평가 참고사항
근무 실적 (60점)	업무 실적의 질 (12점)	• 업무 성과의 완성도 • 당초 계획한 기대 효과의 달성 여부 • 업무 수행 향상 여부 • 업무 수행 결과물의 질이 일정 수준 이상 유지
	업무 실적의 양 (12점)	• 다른 직원과 비교할 때 수행하는 업무의 양 • 업무량이 늘어도 차질 없이 업무를 수행
	업무 정확도 (12점)	• 정책 방향을 올바르게 이해하고 직무를 수행 • 관련 법령·지침에 따라 업무를 정확히 처리
	업무 적시성 (12점)	• 맡은 업무를 정해진 기간(시간) 내에 처리 • 계획에 따라 차질 없이 업무를 수행 • 긴급한 현안을 적시에 처리
	업무 개선도 (12점)	• 담당 업무를 창의적으로 추진 • 현행 제도의 개선을 계속적으로 시도 • 업무 개선 관련 제안의 질과 양
직무 수행 능력 (30점)	공직 윤리 및 공직 소양 (6점)	• 공무원으로서 도덕적 윤리 준수 • 업무 수행상 무사 공평의 원칙 준수 • 근무 시간 중 개인 사무 자제 및 업무 집중 • 법령 준수, 민원 친절 • 기타 복무상의 의무 준수
	업무 전문성 (6점)	• 담당 업무 관련 이론 및 실무 지식 보유 • 직무 관련 자료 및 정보의 수집·분석과 활용 능력
	판단력 (6점)	• 업무 추진상 현황 및 문제를 정확하게 파악해 신속하고 효과적인 해결 방법을 제시하는 능력
	협동성 (6점)	• 과(팀) 목표를 명확히 인지하고 업무를 처리 • 과(팀) 공동 목표를 달성하기 위해 일하는 능력 • 타 공무원과 협력해 업무를 수행 • 다른 동료의 업무 성과를 지원하는 능력
	추진력 (6점)	• 업무 추진 과정의 어려움에 효과적으로 대처 • 목표를 기한 내 달성해 나가는 능력

어떻게 면접자의 진실성을 파악할 것인가

얼마 전 조직문화 강연을 갔다가 한 스타트업 창업자에게 이런 질문을 받았다.

"면접에서 합격하면 야근도 마다하지 않고 열심히 일할 거냐고 물어보니, 그렇다고 대답했어요. 여러 가지가 마음에 들어서 뽑았는데 막상 칼퇴를 하더라고요. 저희는 한 사람이 일당백을 해야 하는 스타트업인데 고민입니다. 면접 때 어떤 질문을 던져야 열심히 하는 사람을 뽑을 수 있을까요?"

이런 일화를 들으면 아마도 많은 사람이 '면접에서 무슨 질문을 저렇게 하나', '그렇게 물어보면 당연히 야근하겠다고 대답하지' 등 어처구니가 없다는 식의 반응을 보일 것이다. 하지만 나는 이 질문에 깊이 공감했다. 면접장에 들어가 본 사람은 안다. 면접관으로서 경험이 많지 않거나 만만치 않게 준비해 온 면접자들을 대면하면, 면접관도 긴장해 적절한 질문을 던지기 어렵다. 특히 질문이 끊기면 안 된다고 생각하는 순간 형식적인 질문을 던지게 될 확률이 높다. 면접은 생각보다 많은 준비가 필요한 영역이다.

행동기반면접: 과거를 토대로 미래를 예상한다

나는 채용할 때 행동기반면접을 보기를 추천한다. 이는 면접자가 살아온 과거를 살펴보며 여러 항목을 검증하는 것을 말한다. 이는 과거 행동이 미래 행동의 가장 좋은 지표라는 사실을 전제로 한다.

가령 면접자의 동기부여를 점검하고 싶다면 여태까지의 이직 히스토리를 물어볼 수 있다. 삼성전자에서 3년, 토스에서 3년 일한 경력자 김 아무개 씨가 지원했다고 가정해 보자. 그리고 그 중간에는 6개월의 휴직기가 있었다. 이직이라는 이벤트가 동기의 변화와 어떤 연관이 있는지를 점검하려면 아래의 질문들이 효과적이다.

- "삼성전자에 입사한 동기는 무엇인가요?"
  : 커리어의 첫 동기부여 요소 점검
- "삼성전자에서 가장 몰입해서 일했던 순간은 언제였나요?", "삼성전자에서 가장 동기가 고갈됐던 순간은 언제였나요?"

: 입사 후 동기부여 요소의 유지 및 변화 여부 점검
 • "삼성전자에서 토스로 이직한 이유는 무엇인가요?",
   "6개월의 휴직기에는 어떤 것들을 했나요?"
   : 연차가 쌓인 후 동기부여 요소의 유지 및 변화 여부 점검

이와 같은 질문들은 면접자가 커리어를 선택한 이유와 동기, 즉 가치관이 쉽게 변하지 않는다는 점을 전제한다. 그래서 커리어에 특정한 변화가 있었을 때를 집중적으로 점검하고, 그때 왜 그런 선택을 했는지 전후 맥락을 자세히 물어본다. 물론 우연히도 이번 회사에 지원하기 전 가치관에 변화가 있었을 수도 있지만, 회사가 그런 변화를 굳이 받아들이며 위험부담을 질 필요는 없다.

다음으로, 이런 질문들에 김 아무개 씨가 아래처럼 답했다고 해보자.

"삼성전자에 입사한 이유는 성장 때문이었습니다. 그런데 입사 후 무능력한 상사를 만나면서 팀의 성과가 나지를 않자 흥미가 떨어졌습니다. 그러다가 건강상의 이유로 휴식이 필요해졌고, 6개월간 쉬면서 운동하고 여행을 다녔습니다. 그러다 이직처를 알아보면서 토스가 개인의 성장 면에서 좋은 회사라는 사실을 알게 됐고, 지원해서 운 좋게 합격했습니다. 그런데 이전 회사보다 업무 강도가 높다 보니 3년 정도 일하고 나서 체력적으로 많은 부침을 느끼게 됐습니다. 또한 성장할 수 있는 기회가 제한적이라는 생각도 갑자

기 들었습니다. 따라서 글로벌적인 기회가 더 많은 귀사에 지원하게 됐습니다."

김 아무개 씨의 주요한 동기는 성장욕구다. 안타깝게도 두 번의 체력 및 건강 문제로 이직을 결심했다. 그리고 성장할 기회의 한계를 이유로 들어 우리 회사로 이직하고자 한다. 나는 여전히 그의 최우선 동기가 성장이 맞는지, 우리 회사에 정말 성장하고 싶어서 오는 것인지 확신이 없다. 이럴 경우. 면접관이 가장 많이 저지르는 실수는 "우리 회사에 오면 성장할 것 같나요?"라고 질문을 던지는 것이다. 당연히 그는 그렇다고 대답할 것이다. 이런 질문은 주장을 확인할 뿐 근거를 확인하지는 못한다. 그러므로 오히려 그가 두 곳의 회사에서 실제로 얼마나 성장했는지에 초점을 맞춰야 한다. 그리고 개인의 성장이 어떻게 회사의 성과로 이어졌는지가 설명돼야 한다.

따라서 아래의 질문들을 던지면 효과적이다.

- "삼성전자에서 일하며 개인적으로 가장 많이 배웠다고 생각하는 프로젝트의 사례를 말씀해 주세요. 특히 김 아무개 씨가 좋은 성과를 냈다고 생각하는 사례면 더 좋습니다."
- "그 배움으로 얻은 것이 삼성전자 재직 전에는 김 아무개 씨에게 없었나요?"
- "그것을 배운 이후에 일하는 방식이나 역량에서 무엇이 달라졌나요?"

- "여전히 더 배워야 한다고 생각하는 것은 무엇인가요?"
- "그것을 왜 우리 회사에서 배울 수 있다고 예상했나요?"

만약 성장욕구가 진정한 동기가 아니라면 위의 질문에 대답을 꾸며내기 어려울 것이다. 혹은 대답을 하더라도 대부분 앞뒤가 맞지 않을 것이다. 면접에 들어가기 전 이런 질문들을 미리 기획하고, 각 질문 옆에 검증 목적을 간단히 적어둬라. 후보자가 실제 경험에서 했던 판단과 행동을 기반으로 질문들을 미리 준비해 둔다면 매우 좋은 검증 가이드가 완성될 것이다. 이런 노력을 통해 거짓말하는 저성과 면접자를 막아낼 수 있다.

STAR 기법: 사례를 토대로 주장을 검증한다

행동기반면접을 진행하는 데 있어 STAR 기법은 아주 훌륭한 프레임워크다. 아주 자세하게 사례를 확인할 수 있다는 점에서 면접자의 주장과 근거를 면밀하게 검증할 수 있기 때문이다. 'STAR'는 Situation(상황), Task(임무), Action(행동), Result(결과)의 약자다. 면접자에게 상황, 임무, 행동, 결과 순으로 답변해 달라고 사전에 정중히 요청하는 것도 원활한 면접을 위한 좋은 팁이다.

- **상황**: 면접자가 직면했던 특정 상황.

- **임무**: 주어진 상황에서 자신의 역할과 책임.
- **행동**: 문제를 해결하기 위해 취한 구체적인 행동과 접근방식.
- **결과**: 행동의 결과로 얻은 성과. 회고도 포함되면 좋다.

다음은 이해를 돕기 위해 허구적으로 구성한 교육담당자 이 아무개 씨의 면접 상황이다. 그가 STAR 기법을 활용해 어떻게 질문에 답하는지 살펴보자.

Q. 토스에서 개인적으로 가장 많이 배웠다고 생각하는 프로젝트의 사례를 말씀해 주세요. 특히 이 아무개 씨가 좋은 성과를 냈다고 생각하는 사례면 더 좋습니다. 답변할 때는 그 당시의 상황, 주어진 업무와 맡게 된 배경, 그 업무를 추진했던 방식, 그리고 결과와 배웠던 점 순서로 말씀해 주세요.

(상황) 당시 회사의 인원이 두 배 이상 급격히 증가하며 신규입사자를 대상으로 한 교육이 제대로 이뤄지지 않는다는 구성원들의 목소리가 커졌습니다. 평상시와 똑같은 커리큘럼으로 진행하고 있었고 만족도도 동일했기에, 교육의 문제가 아닐 것 같다는 생각이 들었습니다.

(임무) 문제를 말씀해 주신 분들을 심층적으로 인터뷰해 보니, 신규입사자들의 일하는 방식이 핵심가치와 동떨어져 있다는 데서 불만을 느낀 거였더라고요. 마침 당시에 돌린 서베이에서도 유

사한 점을 발견할 수 있었습니다. 그래서 교육보다는 핵심가치가 잘 내재화되지 않고 있다는 상황을 문제로 설정했습니다. 전체 인원이 많아졌는데, 교육담당자 수를 늘릴 수는 없어서 내부 제품으로 해결해야겠다고 생각했어요. 그래서 핵심가치 강화를 위한 제품을 만들기로 결정했습니다. 당시 상위자도 공감하셨거든요.

(행동) 문제는 제가 제품을 개발할 줄 모른다는 거였어요. 내부에 제품 개발팀이 있었지만 이미 그들은 너무 바빴고, 무엇보다 사용하는 용어가 너무 달라서 제가 머릿속으로 그리고 있던 제품을 이해시키지 못했습니다. 그래서 제가 오히려 제품팀에 신규입사자가 올 때 진행하는 신규입사자 교육에 참여했어요. 그리고 부족한 실력이지만, 거기서 배운 툴과 용어를 사용하면서 몇 날 며칠을 설득했습니다. 그 결과 저는 OO라는 제품을 만들 수 있었고요. 전사 구성원들이 핵심가치 사례를 제보하고 그 사례가 실제로 핵심가치에 부합하는지 판단할 수 있게 하는 제품이었어요. 매일 투표로 판단하게 하다가 매주로 주기를 바꿨고요.

(결과 및 회고) 그 결과 이전보다 내부에서 핵심가치를 주제로 소통하는 양이 세 배 정도 늘었습니다. 덕분에 A 계열사에서 시범적으로 운영하던 이 제품을 다른 계열사들도 도입하고 싶다고 문의가 쏟아졌습니다. 그런데 이후 사람들의 제보가 너무 줄어들었어요. 알고 보니 모든 대중이 판단한다는 행위의 공정성이 충분하지 않다고 많이들 느끼셨더라고요. 그래서 모든 제품을 중단시

켰죠. 대중이 쓰는 제품은 핵심가치에 대한 소통량을 늘릴 수는 있지만, 그것이 핵심가치에 대한 판단력을 높이는 건 아니었습니다. 결국 해당 제품은 실패했지만, 저는 제품팀과 소통하는 방법을 배웠고, 이후 새로운 제도를 기획했으며, 제품팀의 인사담당자로 일하면서 그들을 이해할 수 있는 좋은 기회를 얻었습니다.

STAR 기법 답변을 통해서 우리는 이 아무개 면접자의 성장욕구를 검증할 근거를 얻을 수 있다. 물론 실제 면접에서는 하나의 사례만으로 면접자를 판단하지 않는다. 이와 비슷한 사례들을 최대한 많이 물어보며 진정으로 성장욕구가 면접자 삶의 주된 동인이었는지를 판단하면 된다.

핵심 Pick

- 썩은 사과, 즉 조직 내의 해로운 인원은 조직문화를 파괴한다.
- 저성과자가 썩은 사과라는 판단은 신중히 해야 한다.
- 개선과 이별의 과정은 분리해서 생각하라.
- 저성과자의 개선 과정은 구체적이어야 하며, 도전적인 과제를 수행하게 해 당사자의 수용성을 높이는 것이 핵심이다.
- 저성과자의 유입을 막기 위해서는 회사와 면접관의 우선순위를 맞추고, 면접자의 레퍼런스를 체크하고, '빡센' 수습평가를 거쳐야 한다.
- 행동기반면접을 통해서 저성과자의 거짓말을 판별하라.

결론

리더는 조직문화를 설계하는 사람이다

우리는 지금까지 성장하는 조직의 문화에서 중요한 아홉 가지 영역에 대해 알아봤다. 마지막 '결론'에서는 아홉 개 장에서 다룬 개념들을 통합적으로 다뤄보려고 한다. 우리는 1부 '조직문화는 무엇보다 중요하다'에서 조직문화의 기초공사에서 중요한 세 가지, 즉 핵심가치, 신뢰자원, 동기부여에 대해 배웠다. 2부 '기존의 관행을 깨라'에서는 좋은 문화라고 일컬어지는 관행이나 사례를 단순히 따르지 않고 우리만의 명확함과 고유함을 찾는 방법과 환영과 이별의 올바른 절차를 알아봤다. 3부 '리더가 직접 챙겨라'에서는 리더가 조직의 성장을 위해서 수행해야 하는 실무에 대해서 알아봤다. 이 내용들을 한 번에 꿸 수 있는 개념이 바로 **'조직문화 경험 설계'**다.

어떤 경험을 설계할 것인가

조직문화도 하나의 제품이다. 그리고 임직원은 이 조직문화를 소비하고 함께 만들어가는 고객이다. 이들의 조직문화 경험은 곧 조직에 대한 만족도와 회사의 성과로 직결된다. 내가 줄곧 이야기하는, 이론이 아닌 실무로서의 조직문화는 바로 아래와 같은 경험 설계를 통해 달성될 수 있다.

1. 핵심가치는 성과 방정식이다. 실제 성과 사례와 핵심가치를 의도적으로 연결시켜, 핵심가치를 지키며 일하면 성과를 얻는다는 점을 경험시켜야 한다.

2. 신뢰자원은 평상시에 지속적으로 쌓아야 한다. 조직이 어려운 상황에 처하더라도, 투명성, 일관성, 공감대, 의미감이라는 네 가지 방법을 준수해 조직이 언제나 신뢰를 우선시한다는 점을 경험시켜야 한다.

3. 우리 조직에 적합한 동기부여의 종류를 결정하고 그에 맞는 인재를 데려와, 스스로 동기부여하며 자발적으로 일하는 경험을 만들어 줘야 한다.

4. 자율이 방임이나 방만과는 다르다는 점을 인지한다. 이를 위해 명확한 규칙과 그라운드룰을 도입해 그 위에서 자율성을 발휘하는 경험을 시켜줘야 한다.

5. 레퍼런스는 레퍼런스일 뿐이다. 잘 알려진 문화를 그저 따르기보다 조직에 어울리는 문화를 찾고 설계해 구성원들에게 우리 문화가 강하고 고유하다는 점을 경험시켜 줘야 한다.

6. 온보딩은 따뜻한 첫인상보다는 빠른 적응이 목적이라는 사실을,

오프보딩은 끝이 아닌 새로운 관계의 시작임을 경험시켜 줘야 한다.

7. 리더가 되는 순간 자신의 실무는 사람임을 인지해야 한다. 본인에게 주어진 리더 역할을 명확히 이해하고, 실무자에서 리더로 완벽히 모드를 전환한다. 마인드 컨트롤로 불편한 감정을 능숙하게 다루고, 자신이 무엇을 잘하고 못하는지 메타인지를 갖추며, 원온원을 통해 구성원들을 내가 원하는 수준으로 도달시킬 수 있도록 스킬을 연마하고 발휘한다.

8. 업무몰입도를 높이는 가장 중요한 변수는 인정, 개인의 성장, 회사의 성공 가능성이다. 이 세 가지 변수를 염두에 두고 확실한 방법론을 설계해 구성원들에게 높은 몰입의 환경을 경험시켜 줘야 한다.

9. 저성과자는 조직의 업무 속도를 늦추고, 썩은 사과는 조직을 병들게 한다. 이들을 개선시키거나 이들과 이별하고, 때로는 이들의 유입을 막으면서 조직은 저성과자를 최소화하고자 한다는 점을 경험시켜 줘야 한다.

이런 경험을 설계한다면 비로소 훌륭한 조직문화의 필요조건을 충족할 수 있다. 여기에 더해 훌륭한 사업 전략이 더해진다면 자신의 영역에서 높은 퍼포먼스를 내는 조직으로 자리매김하게 될 것이다.

답은 조직 내부에 있다

조직문화와 관련해 두 가지 주의할 점을 강조하고 싶다. 먼저 조직문화를 하나의 복지나 이벤트로 단정 짓지 말아야 한다는 것이다. 조직문화는 앞에서 나열한 통합적인 경험들을 통해 구성원들이 느끼는 것이지, 1년에 몇 번 이벤트를 한다고 해서 느낄 수 있는 것이 아니다. 또 하나는 조직문화를 잘 이해하기 위해 이론을 공부하는 것은 좋지만, 이론이 곧 성과를 보장하지는 않는다는 것이다. 결국 조직문화는 기업의 성과를 이끌어낼 수 있어야 하며, 굉장히 결과론적인 이야기에 가깝다. 어느 하나 중요하지 않은 부분이 없기에 어렵지만, 그럼에도 이 책을 여기까지 읽으며 아홉 가지 영역에 대한 인사이트와 솔루션들을 가졌다는 것만으로 당신은 큰 자산을 얻었다.

리더란 결국 성과를 드높이기 위해 조직의 환경을 구축하는 사람이고, 조직문화의 경험을 설계하는 사람이다. 그러나 사실 이 모든 것을 리더 혼자 다 하기는 어렵다. 당신의 조직에 인사팀, HRBP, 조직문화 담당자가 있다면 함께 이러한 이야기를 나눠가기를 바란다. 만약 없다면 상위 리더와 함께 이야기하면 되고, 그마저 없다면 조직문화 자문 서비스를 제공하고 있는 나와 함께 이야기를 나눠도 좋다.

올해 6월에 퇴사한 후 조직문화 자문 기업을 창업하면서 사명을 '인사이드앤써^{Insideanswer}'로 지은 데는 크게 두 가지 이유가 있다.

첫째, 조직문화는 조직 내부에 존재하는 전략이자 성과 방정식이기 때문이다. 그리고 두 번째 이유가 사실 더 중요한데, 조직문화의 정답은 창업자와 대표, 그리고 리더의 내면에 존재한다고 믿기 때문이다. 그래서 자문에 응할 때 보통 서베이를 통해 다음 네 가지 항목에 대한 답변을 받는다.

- 나는 내 조직의 문화를 충분히 이해하고 있다.
- 나는 내 조직의 문화에 대해 명확한 방향성을 갖고 있다.
- 나는 내 조직의 문화에 대해 자신감이 높다.
- 나는 내 조직의 문화에 있어 롤모델이다.

반면 절대 물어보지 않는 것이 있다. 바로 "어떤 기업처럼 되고 싶으세요?"라는 질문이다. 제일 쓸모없는 동시에, 건강하지 않은 조직문화를 만드는 질문이라고 생각한다. 나를 만나면 아무래도 토스의 문화에 대해서 물어보는 분이 많다. 토스는 굴지의 금융사들 사이에서 많은 고객의 사랑을 받으며 급속 성장한 유일무이한 스타트업이고, 인재밀도가 높기로 유명하기 때문이다. 하지만 나는 토스의 문화가 어떻든 중요하지 않다고 말한다. 대신 이 책에서 서술한 아홉 가지를 중심으로 창업자의 생각을 묻는다. 그들의 조직이 가진 고유한 문화를 선명하게 만들기 위해서 노력한다. 이것만 잘해도 조직이 성장하기 위한 필요조건이 갖춰진다고 보기 때문이다.

이미 많은 답을 조직 내부에서 찾고 있다면, 외부 레퍼런스를 적극적으로 학습해도 좋다. 중심이 잘 잡힌 상태에서 선진적인 요소를 한두 가지 도입한다면 조직에 활기를 줄 수 있기 때문이다. 하지만 앞서 제시한 네 가지 질문에서 10점 만점에 8점 이상으로 대답할 수 없다면, 먼저 우리 조직의 상황을 이해하는 데 더 많은 시간을 쏟기를 바란다.

변화를 두려워하지 마라

어떤 창업자들은 본인들의 내면에 존재하는 정답을 기반으로 조직문화를 구축했다가 평판 사이트에서 별점 테러를 맞을까 봐 걱정된다고 말한다. 하지만 법을 위반하는 수준이 아니라면, 그리고 장점을 크게 취할 수 있다고 한다면, 나는 고유한 조직문화를 구축하려는 시도를 적극 찬성하고 지지한다.

이 세상에 모든 것을 다 가진 존재가 있을까. 아마 없을 것이다. 이는 조직문화에서도 마찬가지다. 혁신의 대명사였던 애플은 명확한 책임 소재를 가리는 DRI의 개념을 혁신적으로 내놓았으나 AI 시대의 혁신에서 뒤쳐졌다. 아마존은 엄격한 교육을 통해서 선정한 '유능함으로 아마존 인재의 기준을 높이는 사람', 즉 바레이저 Bar-raiser가 만장일치해야 채용하는 효율적인 스케일업의 대명사가 됐지만, 창의적인 기업 명단의 상위권을 차지하지는 않는다. 테슬라는 혁신의 대명사지만 창업자의 예측 불허함으로 리스크 관리가 안 되는 탓에 꿈의 크기만큼 사회적인 신뢰자본을 끌어오지 못하는 한계를 보여주고 있다. 이처럼 장점을 기반으로 무언가를 선택할 때, 우리는 다른 무언가를 포기하게 된다.

조직문화로 인해서 안티팬이 생길까 봐 두려워할 수 있지만, 이는 중요하지 않다. 문화는 성과를 만들어내는 데 의미가 있기 때문이다. 우리는 오히려 더 이상 조직의 문화가 성과는 물론이고 생존을 담보할 수 없게 되는 상황을 걱정해야 한다. 지금까지 선진적인 문화의 아이콘이었다고 해서 앞으로도 문화의 아이콘이 되리라는 보장이 없다. 미국도 한국도 마찬가지다.

비약적으로 성장해 시장에서 승리하는 조직은 문화를 무엇보다 중요하게 여기며, 기존의 관행을 깨고, 리더가 이를 직접 챙긴다. 우리가 정해놓은 어떤 문화적인 제도나 요소가 더 이상 유효하지 않다면 과감하게 바꾸는 용기를 가져보자. 이런 변화의 과정에 비판이 따르더라도, 또한 그 결론이 일부 틀리더라도 우리가 취할 장점과 승리라는 결과를 기대하며 묵묵히 나아가야 한다.

에필로그

개인적으로 자랑스럽게 생각하는 커리어 중 하나가 토스의 첫 번째 컬처 에반젤리스트다. 토스라는 거대한 브랜드 덕분에 여기까지 올 수 있었다. 또한 많은 사람들과도 교류할 수 있게 됐다. 커피챗을 요청해 주시는 분들 중에는 조직문화 담당자가 꽤나 많다. 이분들의 고민은 제각기 다르지만 전체적으로 보면 비슷하다. 요약하자면 자신이 비즈니스에 미칠 수 있는 영향이 너무 적다는 것이다. 그래서 무언가를 하자고 대표나 인사팀장을 설득하기가 어렵고, 예산을 받아내기가 어렵다. 구성원들의 반응 또한 뜨뜻미지근하다.

리더들을 대상으로 범용적인 내용을 쓴 책이지만, 약간의 지면을 할애해서 조직문화 담당자들을 위해 애정 어린 도움의 말을 건네고 싶다.

1. 비즈니스에 가까이 가라

조직문화 담당자의 직무가 비즈니스와 가깝게 설계돼 있는 곳은 거의 없을 것이다. 하지만 언제까지 직무설계만 탓할 수는 없는 법이다. 우리 회사의 이번 달 매출과 이익은 얼마인지, 이번 분기에 가장 중요한 사업적 목표는 무엇인지, 현재 가장 시급하게 채용하고 있는 포지션은 무엇인지 등을 공부하며 우리가 스스로 비즈니스에 가까이 가야 한다. 무엇을 해야 할지에 대한 고민을 거기서부터 시작하라. 맡겨진 것이 이벤트 개최밖에 없다면, 쓸데없는 주제를 선정하지 말고 비즈니스에 도움이 될 만한 주제를 골라라. 이렇게 몇 번을 하다 보면 유효한 조직문화 액션에 대한 힌트를 얻을 수 있을 것이다.

2. 측정하고 구조화하라

조직문화 담당자로 일하던 시절 내 성과를 어떻게 증명할 수 있을지 매번 고민했다. 안타깝지만, 조직문화가 좋아졌다는 '느낌'을 성과라고 말할 수는 없다. 그래서 나는 의도적으로 정량화할 수 있는 것들을 찾아 나섰다. 처음에는 개인적인 커리어 욕심에서 시작했지만, 이런 행위들이 결과적으로는 조직문화를 발전시키고 개선하는 방법이었음을 알게 됐다. 이런 지표는 단순히 행위나 현상에 머물러서는 안 되고, 실제로 긍정적인 변화를 증명할 수 있어야 한다. 예를 들면, 타운홀 미팅에 몇 명이 참여했다거나 교육 만족도 점수가 높았다는 것보다 타운홀 미팅의 참여인원이 몇 개월에 걸쳐서 몇 배가 늘었고, 그것이 계속 유지되고 있다는 것이 좋은 사례가 된다.

문화를 추상적인 개념으로 받아들이면 구조화하려는 노력을 덜하게 된다. 하지만 그럴수록 구조화하고 도식화해 보자. 나만의 비기가 된다. 핵심가치 내재화, 인재밀도, 문화적합성 면접 정확도 등 조직문화의 굵직한 주제에서 활용할 수 있는 나만의 프레임워크를 만들어보라. 이런 시도를 많이 하는 사람만이 실제로 변화를 가져오는 핵심 레버를 찾을 확률이 높아진다.

3. 다른 HR 기능과 협업하라

HR에도 많은 기능이 있다 보니 서로 이해와 목표가 다른 경우가 많다. 규모가 큰 기업일수록 같은 직무끼리만 소통하는 경우가 많은 이유다. 조직문화 담당자는 여러 가지 아이디어를 낼 수 있지만 HRM^{Human Resources Management}이나 채용팀의 도움 없이는 실행하지 못하는 경우가 태반이다. 문제는 조직문화 담당자의 커리어만 거쳐온 사람은 채용이나 평가·보상, 핵심인재 관리, 리더십 등에 대해서 잘 모르다 보니 껴주지 않으려 한다는 점이다. 하지만 조직문화 담당자의 가장 큰 목표는 문화 개선을 통한 비즈니스 성과 달성이다. 따라서 이런 쓸데없는 자존심 싸움을 할 필요가 없으며, 끊임없이 다른 HR 기능에게 함께 협업하자고 제안해야 한다. 모르는 부분이 있다면 알려달라고 하자. 기회가 될 때 다른 HR 기능을 경험하는 것도 매우 좋다.

하하 호호 하는 조직문화 담당자가 되기보다, 비즈니스를 이해하고 지원하는 사람이 되자. 스스로 한계를 짓지 말고, 이 커리어 끝에는 큰 성과와 결실이 있다고 믿되, 영리한 전략으로 커리어를 쌓아나가기를 바란다.

이 책을 완독한 리더들에게도 응원과 조언을 건네고 싶다. 조직문화에 대한 막막함, 해결해야 할 문제가 산적해 있다는 혼란함, 사람의 마음을 읽고 알아주는 일이 마음처럼 쉽지 않다는 답답함으로 이 책을 읽고 있지 않을까 한다. 내게 자문하는 기업의 대표들 역시 마찬가지다.

"이 고민이 정말 중요한가요? 왜 중요한가요?"

내가 자주 던지는 질문이다. 회사는 창업가가 만들었고, 결국 창업가가 생각하는 중요도에 따라 사업과 문화의 우선순위가 정해진다. 중간관리자도 마찬가지다.

우리는 한정적인 시간과 제한된 정신력을 안고 살아간다. 모든 것이 문제처럼 보이지만, 그렇다고 전부 다 해결하려고 하는 것은 좋지 않다. 물론 그럴 수도 없지만 말이다. 우선 조직문화가 중요하다는 생각을 가진 것만으로도 위대한 첫 걸음을 뗐다고 말하고 싶다. 당신을 가로막은 많은 문제 중 당신에게 정말 중요한 것 한 가지만 정해라. 그리고 그것을 해결하기 위해서 열과 성을 다하라. 그 속에서 얻은 배움과 성취감은 곧이어 또 다른 중요 영역에서의 개선을 이끌 수 있다는 자신감으로 이어질 것이다. 리더의 책임감이 얼마나 과중한지 너무나 잘 이해하고 있다. 높은 책임감을 바탕으로 나에게 정말 중요한 영역을 선별하고 해결해 보자.

창업을 한 지 얼마 되지 않았지만, 정말 감사하게도 자문, 코칭, 강연의 기회가 많이 주어지고 있다. 내가 기쁘게 여기는 코멘트는 "어디에서도 듣지 못했던 이야기다", "실무에 꼭 필요한 팁들만 있었다", "토스 이야기를 기대했는데, 그게 아니라 우리 문화를 돌아볼 수 있어 좋은 회고의 시간이 됐다"와 같은 것이다. 조직문화는 현실적이면서 실무에 도움이 돼야 한다고 믿는 나로서는 더없이 기쁜 코멘트들이다.

나의 가장 큰 기쁨은 실제로 고객사가 조직문화 문제를 현명히 수행하고, 자기인식과 문제 해결 역량이 커진 것을 느끼고 확인할 때다. 실제로 어떤 창업자는 "조직문화의 전체적인 지도가 선명해진 느낌이고, 마치 게임을 힘들게 하다가 치트키를 쓴 것 같다"라고 재밌게 비유를 해준 적도 있다.

조직문화에 대한 역량과 인사이트를 더 널리 퍼뜨리고 싶어 이 책을 쓰게 됐다. 소기의 목적이 잘 달성됐기를 바라는 마음이 크고, 이 기회를 통해서 더 많은 사람과 교류하고 도움을 얻고 드리고 싶은 마음이다. 더 많은 조직이 지금보다 더 성장하기를 바라며, 성공 스토리가 들려오기를 희망한다.

끝으로 이 책이 나올 수 있도록 무한히 서포트해 준 아내와 가족에게 진심으로 고맙다는 말을 전한다. 응원의 말을 건네준 분들께도 지면을 빌려 힘을 주셔서 감사하다는 말씀을 드리고 싶다.

참고 문헌

책

《마인드셋》, 캐롤 드웩 지음, 김준수 옮김, 스몰빅라이프, 2023
《무엇이 성과를 이끄는가》, 닐 도쉬 · 린지 맥그리거 지음, 유준희 · 신솔잎 옮김, 생각지도, 2021
《신뢰의 힘》, 조엘 피터슨 · 데이비드 A. 캐플런 지음, 박영준 옮김, 가나출판사, 2017
《실리콘밸리의 팀장들》, 킴 스콧 지음, 박세연 옮김, 청림출판, 2019

기사·칼럼

〈위기의 넷플릭스, '기업문화' 바꿨다… 이젠 '규칙있음'〉, 한하진, 더밀크, 2022
〈입사 때처럼 '퇴사 인터뷰' 하는 파타고니아〉, 티타임즈, 2019
〈입사 첫 날 만나는 토스 문화 소개 문서〉, 토스피드, 2018
〈토스 기업 문화-토스 팀의 핵심 가치〉, 토스피드, 2018
〈토스 핵심 가치 3.0의 탄생 : 실패와 패배가 지긋지긋할 때〉, 토스피드, 2023
〈한국은 해고하기 어려운 나라…해고비용 OECD 2위〉, 아틀라스, 2019
〈Creating a SEV process that scales with Robinhood〉, Adam Wolff, robinhood, 2019

영상

〈[놀면 뭐하니?] 퇴사하려는 직원을 회유하는 역할극 면접!〉, MB Centertainment, 2024 (https://www.youtube.com/watch?v=gTgy8v52YSI)

〈첫 팀장 경험이 망한 것 같다면 봐야 하는 영상(with. 한국 마이크로소프트 HR 디렉터 김형규)〉, 인사이드앤써 김형진, 2025 (https://www.youtube.com/watch?v=LAgLQZD0dRA)

〈[HR세미나] 하이퍼포먼스팀을 만드는 몰입의 조직문화, toss의 One Team Culture〉, 잡플래닛, 2022 (https://www.jobplanet.co.kr/contents/videos-359)

기타

〈리더십 TrendingNow: 대한민국 리더십, 현재와 미래를 말하다〉, 휴넷CEO 리포트 5월호, 휴넷 리더십 센터

〈[별지 5] 수습직원 근무성적 평가서(통합인사지침)〉, 국가법령센터

〈수습. 시용. 채용내정 개념정리〉, 고용노동부

〈Global Leadership Forecast 2025〉, DDI

〈Build the Future of Finance〉, Robinhood

〈We're on a mission to democratize finance for all〉, Robinhood

〈The Q12®: The World's Leading Employee Engagement Survey〉, Gallup

미친 성장

첫판 1쇄 펴낸날 2025년 9월 30일
2쇄 펴낸날 2025년 10월 31일

지은이 김형진
발행인 조한나
책임편집 함초원
편집기획 김교석 문해림 김유진 김하영 박혜인 조정현
디자인 한승연 성윤정
마케팅 문창운 백윤진 김민영
회계 양여진 김주연

펴낸곳 ㈜도서출판 푸른숲
출판등록 2003년 12월 17일 제2003-000032호
주소 서울특별시 마포구 토정로 35-1 2층, 우편번호 04083
전화 02)6392-7871, 2(마케팅부), 02)6392-7873(편집부)
팩스 02)6392-7875
홈페이지 www.prunsoop.co.kr
페이스북 www.facebook.com/prunsoop **인스타그램** @prunsoop

ⓒ김형진, 2025
ISBN 979-11-7254-080-7(03320)

* 이 책은 저작권법에 의해 한국 내에서 보호를 받는 저작물이므로
  무단전재와 복제를 금합니다. 이 책 내용의 전부 또는 일부를 사용하려면
  반드시 저작권자와 ㈜도서출판 푸른숲의 동의를 받아야 합니다.
* 잘못된 책은 구입하신 서점에서 바꾸어 드립니다.
* 본서의 반품 기한은 2030년 10월 31일까지입니다.